法律和社会科学

LAW AND SOCIAL SCIENCES

第17卷　第1辑（2018）　苏力 主编　尤陈俊 执行主编

法律出版社
LAW PRESS·CHINA

法律和社会科学　　第17卷第1辑（2018）

投稿信箱：lss_2006@yeah.net
本刊微信号：LSS_2014
主办单位：北京大学比较法和法律社会学研究所

法律和社会科学　　第17卷第1辑(2018)

目　录

"法律和社会研究的历史进路"专号

笔谈:社会科学在法律史研究中的运用

论　文

LAW AND SOCIAL SCIENCES

Volume 17 Number 1 2018

Contents

Symposium: Historical Approach of Law and Society Studies

《法律和社会科学》(2018)
第17卷第1辑,第1~16页

走向社会科学的中国法律史

徐忠明*

摘　要:法学研究可分为两种进路,即法教义学与社科法学。前者通过"内在视角"来分析法律体系的相关问题,后者采取"外在视角"来考察法律的社会语境与运作实践。这两种研究进路,不仅并行不悖,且可相互补充。本文的旨趣是,通过考察若干社会科学取向的中国法律史研究典范之作,讨论社会科学对于中国法律史研究的价值。具体包括:(1)社会科学的理论和方法,对于发现问题和分析史料的价值;(2)社会科学的理论和概念,对于考察法律制度和法律实践的意义;(3)通过研究中国法律史来发展社会科学的理论与方法;(4)在社会科学取向的中国法律史研究的草创时期,可以通过观摩经典作品来形成自己的研究方法。

关键词:诉讼档案;司法实践;社会文化;社会科学的理论与方法

在中国法学界,学者们围绕法教义学与社科法学展开了颇多讨论,大致涉及问题关怀和研究方法两个方面。在笔者看来,法教义学是法学与法律研

---

* 法学博士,中山大学法学院教授。

究的基础,它更多是从法律体系内部来分析和解释法律,即把法律作为权威文本,分析法律体系的结构和解释条文的意义。然而在法律实践或适用过程中,如何理解法律的意义,单靠解释法律文本恐怕是不够的。尤其是在社会迅速变化的时代,法律已经难以成为自我封闭的系统,仅仅采用教义解释或者内部解释就出现了局限性。因此,考量法律外部的社会、政治、经济、文化诸因素,同样是不可缺少的。至于如何考量这些因素,社会科学的进路和方法,就会进入学人的视域,成为可资利用的工具。从更宽的视角来看,考察法律的形成或制定、法律的实施和效果,单凭教义研究就更难奏效了。就此而言,法教义学与社科法学,或者通过"内在视角"与"外在视角"对法律进行研究,不仅并行不悖,且可相互补充。对学人来说,可以各凭兴趣、各就能力,选择相应的领域和课题,展开学术研究,共同推进中国的法治和法学研究。

上述情形,似乎也影响了中国法律史的研究路径,只是问题更复杂些。概括当下的中国法律史研究,约有三种进路:一是史学取向的研究,旨在辨析法律文献的真伪和年代,考证某项法律制度、某个法律概念、某一法律事件或案件的来龙去脉,以发现历史真相及描述史实为旨趣;二是教义取向的研究,主要分析律令体系的结构与特点,解释律例的原则、制度内涵、犯罪构成、罪与罚之关系,借以理解古典中国的律心、律意、律说之精义;三是社科取向的研究,采用社会科学的理论、概念和方法作为研究工具,试图在社会、政治、经济、文化的语境中考察法律,以阐述法律的运作实践和秩序效果为目的。较之前面两种取向的中国法律史研究,社会科学取向的研究领域要宽广很多。

与法教义学和社科法学相比,之所以说中国法律史的研究取径和问题关怀更复杂些,是因为,从事中国法律史研究的学者,分别来自史学界与法学界,他们的学术训练不同,问题关怀各异,从而导致研究方法和理论运用上存在差异,并且产生对话交流上的隔阂。

必须说明的是,在学术史上,运用社会科学的理论与方法来研究中国法律史,已有不算太短的时间,并非最近才出现的新动向。瞿同祖的《中国法律与中国社会》一书,堪称典范之作。该书以国家法为基本史料,以"家族"与"阶级"(等级)为组织架构,考察了帝制中国的身份等级及相应特权。在研究方法上,从法律来透视社会结构,又从社会结构来观照法律的特点;同时,还兼顾到法律规定及其实践。① 蔡枢衡的《中国刑法史》一书,虽然大量采用古典中国的文字学、音韵学、训诂学方法来考释刑法史上的制度和概念,但也运用了社会科学的方法。比如,对"灋"②的考释,就利用了人类学的知识。只不过,由于受到国际学术潮流和国内社科法学的影响,如今的法律史学者开始在更自觉、更多元的学术层面上运用社会科学的理论与方法对中国法律史进行研究。③

从目前来看,对于中国法律史研究的这一新动向,我们可以用"诉讼档案""司法实践""社会文化"以及"社会科学的理论与方法"四个维度来概括。这意味着,中国法律史研究的基本史料、对象或问题、理论框架与研究方法,都发生了不同程度的变化。不消说,这种学术取向,与部分学者不满足于传统史学或教义研究方法亦有关系。

2017年12月23日,我们在中山大学法学院召开了"法律史与社会科学"学术研讨会。下面,笔者结合会议讨论以及本人平日的观察,谈谈对中国法律史的社会科学研究的一些感想。在本文中,仅以学人耳熟能详的论著为例,冷僻的作品一概不谈;抽象的理论概念也不涉及,因为空对空地讲难以说明中国法律史研究的实际情况。希望这样的处理,能够引起同行的兴趣与思考。

一

中国法律史研究,当然要以充分挖掘和运用史料为基础,以辨析

---

① 参见瞿同祖:《中国法律与中国社会》,中华书局1981年版。

② 参见蔡枢衡:《中国刑法史》,广西人民出版社1983年版,第160~171页。

③ 参见尤陈俊:《"新法律史"如何可能——美国的中国法律史研究新动向及其启示》,载《开放时代》2008年第6期。

和考证史料为手段,以发现历史真相和描述史实为目标。对中国法律史的社会科学研究来说,这些原则也应该被遵循。毕竟,辨析史料与描述史实,乃历史研究之本分,否则将失去其合法性或正当性。但遵循这些原则,并不意味着不可以进行新理论和新方法的探索。

史料不会自动进入史家的眼中,它有赖于史家的发现。这种发现,有时也离不开问题意识和研究方法的引导。当学者专注于国家法的时候,律例、典章便是基本史料;在考述国家法的制定或修改时,奏疏、实录、正史即为首选史料;在研究国家法的实践时,档案、判牍乃一手史料;当学者将目光转移到习惯法的时候,民间资料就会进入研究视野。解读民间法律文献,不仅需要法学研究的方法,而且需要迈向大众和社会。例如,研究传统中国的契约问题,考察“中人”、“保人”以及“上手老契”的功能,固然少不了法学分析,但离开了社会这个维度,也就不可能得到充分的理解。如果从法学角度来研究明清契约,我们可以不必过于追求契约的数量,但要求契约种类的齐全,以便提炼和概括其中的法律要素。其根本原因在于,当时的契约文书已经格式化,同类契约的规范要素也已相对固定,所以契约文书的种类要比数量来得更重要。如果从社会经济史的角度来考察明清契约,那么,除了史料的丰富和多元程度,还要求尽量收集和整理“关联性”的契约文书,比如“归户”文书,以及年代连续、保存完整的契约诉讼档案。只有这样,我们才能考察某一宗族、某一社区、某一组织、某一州县的契约实践、社会经济活动与社会秩序的基本面貌,以及当时当地的民间习俗和契约惯例。可见,研究的问题不同,史料亦异;研究的视角和方法不同,史料的数量和质量也会随之变化。

史料本身并不会开口说话,史料的意义更不会自动呈现。因此,如何理解史料蕴含的信息,要靠历史学家的分析和解释。这项工作,可以借助社会科学的研究方法。例如分析清代国家惩治讼师的意义,单看例文规定,我们只能知道,立法意图是避免“讼师教唆词讼,为害扰民”。[1] 但

① 《大清律例》,田涛、郑秦点校,法律出版社1999年版,第491页。

是,如果将其置于当时的社会与政治语境中予以考察,我们即可发现,讼师的教唆活动,不仅扰害了民众,更挑战了官府的权威,并给官员带来了麻烦,因为诉讼案件的数量和难度增加了,地方官员的工作压力和经费负担也会随之增长。又如考察审转程序的功能,倘若仅凭帝国官方的话语表达,是出于"慎刑"方面的考虑;可是,对被告已经"输服"的案件,仍要继续层层审转,就不能单单以"慎刑"来解释了。在我看来,审转程序还发挥了控制官僚的功能。这一解释,已经把问题延伸到官僚与皇帝关系的政治领域——忠诚与信任、越权与控权。这意味着,官僚是否忠于皇帝,皇帝能否信任官僚,乃家产君主制(国家权力私有制)必须考虑的根本问题。[①] 因此,面对官僚可能出现的越权或滥权,皇帝必须予以严格控制。通过审转程序,官员的司法权力即可得到某种程度的限制。足见,审转程序的功能,已经超出了"慎刑"的司法意义,而具有广泛的政治功能。

史家在提出研究的具体问题时,亦非仅仅从史料中凝练而成。在很多场合,学人采用的研究方法,可能催生出不同的问题。在传播学和知识社会史的启发下,[②]中国法律史学者提出了研究法律知识的生产、传播与接受的新问题,可以说拓展了法律史研究的新领域。[③] 而对于法律知识的研究,又可以帮助我们进一步理解科举出身的帝国官员,除了具备儒家经典知识和写作技能,他们还有获取法律知识和司法经验的渠道。也就是说,虽然明清国家在选拔官员时并不怎么重视法律素

---

① 马克斯·韦伯认为,在传统中国这样的家产君主制或家产官僚制国家,皇帝通过科举来选拔官员,又通过功绩和恩信来激励官员。可见,君臣之间的"忠信"关系,是政治伦理的基础。[德]马克斯·韦伯:《韦伯作品集V:中国的宗教 宗教与世界》,康乐、简惠美译,广西师范大学出版社2004年版,第86~97页。

② [英]丹尼斯·麦奎尔、[瑞典]斯文·温德尔:《大众传播模式论》,祝建华译,上海译文出版社2008年版;[英]彼得·伯克:《知识社会史——从古腾堡到狄德罗》,贾士蘅译,麦田出版社2003年版;[美]罗伯特·达恩顿:《启蒙运动的生意——〈百科全书〉出版史(1775~1800)》,叶桐、顾杭译,生活·读书·新知三联书店2005年版。

③ 徐忠明、杜金:《传播与阅读:明清法律知识史》,北京大学出版社2012年版;尤陈俊:《法律知识的文字传播——明清日用类书与社会日常生活》,上海人民出版社2013年版。

养,但这并不意味着官僚群体一概缺乏这种能力。对一个"勤政爱民"的官员来说,出仕为官之前可能确实缺乏法律素养,然而在登进仕途之后,仍有机会通过研读法律书籍来掌握相关的知识和经验。[①] 假以时日,完全有可能胜任司法工作。真正的问题在于,官员是否有心研习法律,是否重视司法,以及司法制度设计是否合理。现在看来,由于行政与司法合一的制度安排,地方官员庶务猬集,分身乏术,无法专心司法,从而产生了积案、错案、冤案等弊病。当然,产生这些弊病的原因颇为复杂,并非只是由于官员缺乏法律知识。

孟子曰:"尽信书,则不如无书。"[②]这句话,对于我们解读史料,具有方法论上的指导意义。由于在诉讼档案和判牍文书中极少见到"刑讯"的记录,于是有人认为,在清代司法实践中很少使用刑讯。在笔者看来,这一判断可能犯了过于相信史料的毛病。虽然笔者阅读档案的经验有限,不过就阅读感受而言,记不记录刑讯,在某种程度上与案件性质以及承审官员自身的利益考量,有一定关系。对民间词讼来讲,州县牧令如果采取刑讯之法审案,可谓无能之表现,故而他们一般不会把刑讯之事记录在案。与此不同,对某些命盗案件来说,如果承审官员不用刑讯,非但难以获取口供、尽快了结案件,还有可能被认为是草率马虎,未能在法律允许的范围内尽责尽力。在这种情况下,对于那些"咬紧钢牙"不吐实供的案犯,如果不把刑讯之事记录在案,以表明自己已经穷尽了法律许可的审讯手段,反而会对自己产生不利后果。如果在司法文书中写上"业经刑讯,方吐实供"之类的话,则可表明他们已经用尽了审断之法,也尽了审断之责。当然这会产生一种风险,如果上司或复审官员发现原审有错,也可能对

---

① 徐忠明:《清代中国法律知识的传播与影响——以汪辉祖〈佐治药言〉和〈学治臆说〉为例》,载《法制与社会发展》2011年第6期;徐忠明:《明清时期法律知识的生产、传播与接受——以法律书籍的"序跋"为中心》,载《华南师范大学学报(社会科学版)》2015年第1期。

② 杨伯峻:《孟子译注》,中华书局2005年版,第325页。

使用刑讯严辞批驳。① 这意味着,史料中的空白并非没有意义,这有点像国画中的“留白”,其中颇有乾坤存焉。对于记录在史料之中的信息,史家固然要予以关注,对于史料没有记录的“信息”,似乎也不能轻易忽略过去。真正的难题在于,我们如何才能知道存在这种未作记录的“信息”。

笔者觉得,一者要凭借司法经验,以20世纪80年代笔者参与司法和阅读卷宗的经验来说,对笔录中可以看到的“做思想工作”或“做政策教育”等字样,我们不能完全当真,因为其中不乏“暴力教育”的成分。二者有赖于研究者的悉心体察,有些笔录文字的表达,句句深藏玄机,值得特别留意。三者借助社会科学的知识,比如行为心理学。鉴于人的行为与行为人的认知方式、自我利益、制度约束和社会语境等密切相关,在考察司法官员是否记录刑讯时,必须充分考虑司法实践的制度语境以及承审官员的自我利益等因素。只有这样,我们才能从司法档案中读出那些虽然没有记录在案却有可能存在的刑讯,而非一概视为没有刑讯。总之,在解读史料时,历史学者必须以批判的目光,以“老吏断狱直逼人心”的手眼,既要看到字面之上的内容,还要留意字面背后乃至字面之外的“信息”。

当然,学者可能会说,既然司法档案未作记录,史家就不应该妄作猜度,毕竟“有一分史料,说一分话”也是必须遵循的学术纪律。话虽如此,但笔者仍然要争辩,诉讼档案没有记录刑讯,并不意味着刑讯真

---

① 例如,乾隆五年(1740年)发生在广东省开平县的许氏杀夫案,针对许氏翻供,承审官说:“不实说,著拶起来。拶供……”又有“屡审供认不讳”之句。所谓“屡审”,无疑包括了刑讯逼供。这意味着,对谋杀亲夫这类事关凌迟处死的重案,承审官往往会采用刑讯,迫使被告如实招供。对复审官员来说,鉴于刑讯很有可能导致错案或冤狱,因此,刑部对“刑逼成招”“涸行率结”持反对态度。可见,在考察承审官是否刑讯和记录刑讯的问题时,不能仅凭档案,而要在清代中国的司法制度语境中仔细分析,以便了解对什么案件实施了刑讯,又在什么情况下实施了刑讯,才能获得符合史实真相的把握。参见广东巡抚王安国“题报开平县民妇许氏毒死亲夫李宣满拟凌迟处死事”,乾隆八年(1743年)三月十三日,中国第一历史档案馆藏清代内阁刑科题本,档号:02-01-07-0197-006。关于该案的讨论,参见徐忠明、杜金:《超越合理怀疑:一起清代命案的司法理想》,载徐忠明、杜金:《谁是真凶:清代命案的政治法律分析》,广西师范大学出版社2014年版,第1~43页。

的不存在,更不能仅凭档案记录来统计刑讯率之高低。笔者之所以特意指出这个问题,是为了提醒法律史学者不要过于轻信文字的表层信息,更不要轻易下结论,而要将史料明示暗藏以及有意无意删除的各种信息全都考虑在内,并且以批判的眼光检视史料,作出审慎分析,方能得出符合历史真相的结论。

在分析和解读史料时,法律史学者不能停留在史料本身,仅仅捕捉文字信息,而有必要将史料还原为"谁是作者"的问题。这就要求研究者进一步考虑,史料是由谁制作的,为什么制作,在什么制度语境中制作,又是怎么制作的,等等。美国历史学家戴维斯的《档案中的虚构》一书,①即是很好的例证。不消说,将史料与其作者联系起来考虑,法律史学者可以运用社会科学的理论和方法,来发掘隐藏在史料背后的信息,解读其中蕴含的意义。也就是说,通过分析"作者"的动机、策略及其制度约束和社会文化语境来理解史料,作出更全面也更有穿透力和说服力的解释。例如,比较州县牧令与刑部官员制作的司法文书,即能看出它们之间的某些差异;而这些差异,则是他们各自所处的权力位阶、待审案件性质、审理方式(开庭审和书面审)以及关注的重心不同所致。

在历史学界,围绕"论从史出"或"史从论出"争论不休。在笔者看来,这恐怕是一个伪问题,并无多少理论价值。因为在绝对意义上,没有一个历史学家能够在毫无理论和方法的指引下提出有意义、有价值的问题,得出有解释力、有说服力的结论。从事历史研究,提出"假设"乃必不可少的前提。这个假设,既可以来自历史学家的史料阅读,也可以来自他们的人生经历和现实关怀,但并不排斥理论和方法的运用。反过来讲,理论追求也绝不应该罔顾史料依据。实际上,在理论与史料之间,必有一个"穿梭往返"的过程,以史料证成理论或者以史料证伪理论,进而修正旧的理论或者提出新的理论,此乃任何严肃的历史学家都应遵循的基本原则。另外,面对一盘散沙的史料,如何将其组织起来,使历史的叙述和分析变得脉络清晰、意义显豁,概念化、理论化的工

---

① [美]娜塔莉·泽蒙·戴维斯:《档案中的虚构——16世纪法国的赦罪故事及故事的讲述者》,饶佳荣等译,北京大学出版社2015年版。

作不可或缺。也正因此,在史料与理论之间,只有是否匹配以及匹配程度的问题;用理论或概念来分析史料,仅有有无解释力与结论有无说服力的问题,而非要不要理论的问题。应该避免的是,拿理论和概念来剪裁史料,或者拿史料去填塞理论或概念,亦即因"生搬硬套"而产生"削足适履"的弊端。

对有些法律史学者来讲,他们对运用社会科学的理论与方法总是抱有种种疑虑,以为来自西方的理论和方法,不可能很好适用于中国法律史研究,并有可能使中国法律史研究丧失自主性,而只能尾随于西方之后。也有学者认为,建构社会科学的理论和方法,免不了要进行概括和抽象。这种概括和抽象,则有可能略去历史的细节,以致伤害真相的发现,并且影响史实的呈现。这种看法不无道理,但是我们也要看到,如果将法律史研究停留在对一件件史事的考证,对一个个条文的解释,而缺乏统合的分析框架,即便把史实搞清楚了,仍有可能因研究对象"碎片化"而难以获得整体性的理解,从而影响我们对中国法律史的把握。

二

概括来说,中国法律史的社会科学研究,可以分为以下三个方面:(1)在社会科学理论导向下,发现法律史的新问题,拓展法律史的新领域;(2)运用具体的社会科学理论和方法,研究和考察中国法律史的具体问题;(3)在研究中国法律史的过程中,提出一些具有普遍意义的理论和概念,这涉及理论的产生问题。

20世纪90年代,学界对"市民社会与政治国家"展开了热烈的讨论。这场讨论,涵盖中外市民社会理论以及我国市民社会发育建构两个方面。[①] 在这一学术背景下,梁治平推出了《清代习惯法:社会与国

① 邓正来:《国家与社会:中国市民社会研究》,四川人民出版社1997年版;张静主编:《国家与社会》,浙江人民出版社1998年版;邓正来、[美]J. C. 亚历山大编:《国家与市民社会:一种社会理论的研究路径》,中央编译出版社1999年版。

家》一书。[1] 在我看来,该书便是在社会理论影响下的法律史研究。国家与社会这两个基本概念,是梁治平考察清代法律史的理论框架。如果将其与传统中国"官有政法,民从私约"或者"政从上,礼从俗"作一简单比较,即可看出政法、律例与私约、礼俗之间的界限,大致上可以与国家(官)与社会(民)相对应。在这项研究中,梁治平还提出了国家法与民间法这两个具有理论意义的概念。在细化和丰富国家法的内涵上,王志强在其《清代国家法:多元差异与集权统一》一书中作了深入分析。该书认为,国家法包括了律典、条例、省例。国家亦非抽象概念,而是由皇帝及其代理人(官僚群体)在法律实践中呈现出来的复杂面貌。在研究方法上,王志强运用了"政治分析"的进路,这同样是为了深入阐述国家法及其运作实践的复杂性。[2] 对梁治平提出的民间法概念,尽管日本学者寺田浩明在《超越民间法论》一文中提出了商榷意见,[3]然而在我国法学界,却出现了不少研究帝制中国民间法或习惯法的论著,与此同时,还助推了当代中国民间法研究的热潮。

在黄宗智看来,运用产生于西方的国家与社会二元对立这个理论模型,来研究清代中国的司法实践,存在生搬硬套的缺陷。鉴于此,在《民事审判与民间调解:清代的表达与实践》一书中,他提出了介于国家与社会之间的"第三领域"概念。[4] 在某种程度上,这个概念意在克服采用国家与社会理论框架分析清代法律实践的不足,并凸显了司法实践呈现的国家与社会的互动过程。也就是说,这一概念具有分析"结构与过程"的双重功能。这里的"过程",并不是指历时性的变化过程,而是指参与解决民事纠纷各方的互动过程,即"结构"组成部分(国

---

① 梁治平:《清代习惯法:社会与国家》,中国政法大学出版社1996年版。

② 王志强:《清代国家法:多元差异与集权统一》,社会科学文献出版社2017年版。

③ 该文收入[日]寺田浩明:《权利与冤抑——寺田浩明中国法史论集》,王亚新等译,清华大学出版社2012年版,第395~408页。

④ [美]黄宗智:《民事审判与民间调解:清代的表达与实践》,中国社会科学出版社1998年版,第108~132页。"第三领域"概念,与彼得·伯克在研究欧洲近代早期的大众文化时提出的介于大传统与小传统之间的"中间传统"概念,具有明显的相似之处。详尽讨论,参见[英]彼得·伯克:《欧洲近代早期的大众文化》,杨豫等译,上海人民出版社2005年版,第28~77页。

家、社会、半官方半民间的第三领域)之间的交涉过程。[①] 但问题是,“第三领域”是否揭示了清代中国司法实践的特殊面貌,我们仍然不能得出明确的结论。因为国家与社会之间的互动,似乎也是一种普遍现象,清代中国如此,西方社会亦不例外。至于怎样互动,为何互动,又有什么特点,各种社会之间则会存在某些差异。

黄宗智的这本书,其所运用的“表达”与“实践”这两个核心概念,[②] 明显受到了西方文化理论和社会理论的影响。在 20 世纪中叶的欧洲学术界,出现了“语言学转向”的思想潮流,语言成为哲学研究的基本问题。随之而来的是,符号、表意系统或表达,也成为哲学家和文化理论家的研究课题。[③] 至于“实践”概念,应该是受到了法国社会学家皮埃尔·布迪厄的影响。[④] 在黄宗智的书中,尽管“表达”与“实践”这对概念的复杂内涵被稀释或简化了,但是这两个概念既起到了建构分析框架的功能,也发挥了研究方法的作用。此书一经出版,便产生了巨大的学术影响。在中国法律史学界,以“表达”与“实践”来研究明清司法的论著,可谓层出不穷,以致出现了“内卷化”的困境,而鲜有突破。

上述著作,可以作为运用社会科学理论研究中国法律史宏观问题的例示。在研究微观问题时,社会科学的概念和方法,亦有用武之地。当然,此处的宏观与微观,实际上是一个相对概念。下面提到的有些例子,也不能完全算是微观问题。

---

① 在当前的社会科学理论中,与旧的结构主义理论不同,“结构”已经包括了历时性和动态性的特质。董建波:《历史社会学研究方法》,华中师范大学出版社 2017 年版,第 55~79页。

② [美]黄宗智:《民事审判与民间调解:清代的表达与实践》,中国社会科学出版社 1998 年版,第 11~13 页。

③ 对于这一背景的扼要概括,参见宋春艳:《言语行为与制度社会的建构》,社会科学文献出版社 2017 年版,第 1~17 页。关于“表达”(representation)的复杂意涵,参见[英]丹尼·卡瓦拉罗:《文化理论关键词》,张卫东等译,江苏人民出版社 2006 年版,第42~52 页。

④ [美]黄宗智、尤陈俊主编:《从诉讼档案出发——中国的法律、社会与文化》,法律出版社 2009 年版,第 3~31 页。布迪厄的“实践”理论,参见[法]皮埃尔·布迪厄:《实践感》,蒋梓骅译,译林出版社 2003 年版;另见朱国华:《权力的文化逻辑——布迪厄的社会学诗学》,上海人民出版社 2016 年版,第 119~124 页。

在研究晚清杨乃武与小白菜冤案时,我们借鉴了美国社会学家马克·格兰诺维特的"弱关系"概念,[1]分析了在该案平反过程中利用社会资本的问题。[2] 在组织学与官僚制理论中,学人以"常规"与"例外"来分析权力的微观实践。也就是说,任何组织的领导,在控制属员时皆会采取两种权力技术:遵循常规与创造例外。[3] 比如,美国学者孔飞力的《叫魂》一书,通过仔细考察1768年妖术案件的处理过程,生动展现了国家权力的微观实践;与此同时,运用"常规"与"例外"这对概念,对官僚和皇帝的权力实践的基本特征,也作出了颇为深入的理论阐述。[4] 考察帝制中国的皇帝是否集权专制,我们不能仅仅分析皇帝制度,也要分析拥有"喜怒哀乐"的皇帝个体。具体来说,皇帝虽然受到了包括制度、道德以及官僚组织在内的多方约束,可是,皇帝是否遵守了这套既有的制度和道德,官僚群体是否具有足够的勇气和信念抵御皇权,皆是值得认真考察的问题。在政治权力的具体实践中,皇帝超越制度,惩罚那些敢于对他提出"异议"和进行"抵制"的官僚,可谓史不绝书。因此,在分析皇权时,德国学者恩内斯特·康托洛维茨讨论过的"国王的两个身体"(政治身体与自然身体)的概念框架,[5]即可用来考察皇权制度与皇权实践之间的背离。这个分析框架,使我们对帝制中国的皇权制度及其实践获得了"纲举目张"的把握。

除了运用社会科学的理论概念,学者还会运用本土的概念或术语来研究中国法律史。例如在《中国家族法原理》一书中,滋贺秀三以

---

① Mark S. Granovetter, The Strength of Weak Ties, *American Journal of Sociology*, Vol. 78, No. 6 (1973), pp. 1360 – 1380.

② 徐忠明、杜金:《谁是真凶:清代命案的政治法律分析》,广西师范大学出版社2014年版,第44~86页。

③ [法]米歇尔·克罗齐埃:《科层现象》,刘汉全译,上海人民出版社2002年版,第199页。

④ [美]孔飞力:《叫魂:1768年中国妖术大恐慌》,陈兼、刘昶译,上海三联书店1999年版。

⑤ [德]恩内斯特·康托洛维茨:《国王的两个身体:中世纪政治神学研究》,徐振宇译,华东师范大学出版社2018年版。

“同气分形”来分析传统中国“家”的原理与构造。① 在中国古人看来，宇宙是“气化”的存在。在男性支配的中国社会，父子之间的生命形态和人格基础，来自“父子同气”，从而保持了“家”的生生不息。在肉体上，父子又是“分形”的个体，成为“家”的分化与扩展的组织基础。又如，杨联陞认为“报”是中国社会的基础。而“报”的内涵，则是交往双方的相互性或互惠性，天人之间和人人之间的交往沟通，皆以“报”的方式进行。② 在我看来，寺田浩明以“首唱”与“唱和”这对概念来解释传统中国社会秩序的形成机制，③高见泽磨以“说服”与“心服”来分析现代中国的调解原理，④均可以将它们置于“报”的基础上加以理解。再如，滋贺秀三以“教谕式调停”概括清代中国州县衙门纠纷解决方式的特点，通过揭示这一特点，又解释了其与现代调解之间的区别。这种调停模式，与“父母官”的角色也很匹配。⑤

社会科学之于中国法律史研究的意义，还在于它可以提供思考问题的进路和方法。在分析中国古人的诉讼话语与诉讼实践时，经济分析可能是一种比较有效的方法。在帝国官方的诉讼话语中，虽然“无讼”“息讼”“贱讼”充满道德意味，可是在面对百姓时，这些话语更多强调的是利益考量，诸如诉讼两造的费时失业、花钱奔波、得不偿失、名誉受损、羁押刑讯，等等，即在经济、肉体和精神上受到的损害。据此，帝国官员纷纷劝诫民众能忍则忍，不要动辄兴讼。对民众的诉讼实践而言，他们采取“图

① [日]滋贺秀三：《中国家族法原理》，张建国、李力译，法律出版社2003年版，第29～32页。

② 杨联陞：《原报》《报——中国社会关系的一个基础》，载氏著：《中国文化中“报”、“保”、“包”之意义》，香港中文大学出版社1987年版，第11～19页、第49～74页。

③ 参见[日]寺田浩明：《明清时期法秩序中“约”的性质》，载氏著：《权利与冤抑——寺田浩明中国法史论集》，王亚新等译，清华大学出版社2012年版，第171～173页。

④ 参见[日]高见泽磨：《现代中国的纠纷与法》，何勤华等译，法律出版社2003年版，第73～77页。笔者认为，纠纷解决时的说服与心服的互动结构，要比制定乡规民约时的首唱与唱和的互动结构来得复杂。首先，参与解决纠纷的第三人(说服者)与纠纷当事人(心服者)之间的互动；其次，两个心服者之间达成“你情我愿”的和解。而这两个环节的共同基础，都是一个“报”字。

⑤ [日]滋贺秀三：《中国法文化的考察——以诉讼的形态为素材》，载[日]滋贺秀三等：《明清时期的民事审判与民间契约》，王亚新等译，法律出版社1998年版，第12～16页。

准不图审”“无谎不成状”之类的行为,实际上是诉讼行动的策略选择。如果以博弈思维或策略思维来分析,就能揭示民众“健讼”“好讼”“嚣讼”的行为动机,进而解释产生这些策略选择的诸多原因。另一方面,民间社会之所以产生了“私斗”或“私力救济”的现象,也许就如明初刘基所言,是因为地方官员经常在“无讼”“息讼”“贱讼”的幌子下压抑民众的合理诉讼。[①] 足见,在律例制度、官员态度与民众诉讼之间,存在彼此斗智的博弈关系;在官断与私斗的消长之间,也存在一定的因果关系。

现代社会科学是舶来品,是西方学者研究他们自己的社会问题得出的理论概括,是否或者能否适用于中国法律史的研究,不无疑问。故此,对西方社会科学理论与方法进行修正,乃必要之举,也是可行之路。滋贺秀三关于“教谕式调停”的概括,可谓一例。在《韦伯论中国传统法律——韦伯比较社会学的批判》一书中,林端在考察清代官员是否有裁判依据时提出的“法律多值逻辑”概念,[②]同样是一个很好的例证。鉴于西方法学理论难以解释传统中国的法律类型,寺田浩明通过分析清代中国裁判依据的特点,提出了“非规则型法”的概念,[③]这是对“规则型法”概念的超越。当然,我们未必要认同林端和寺田浩明的结论,但也不可否认,它们是颇具创意的理论。

从研究方法来看,林端的“法律多值逻辑”和寺田浩明的“非规则型法”,皆超越了概念法学或法教义学的范畴,而扩展到了法社会学的领域。林端认为,清代法律,除了律例还包括了情理,所以它是一个多元体系。在我看来,将情理纳入法律范畴,恐怕不是中国古人自己的看

---

① 刘基在《书苏伯修御史断狱记后》中写道:“仆往尝观于牧民之以简讼名者,之其庭,草生于阶;视其几,尘积于牍。徐而访于其乡,察其田里之间,则彊梁横行,怨声盈路。问其故,曰:‘官不受词,无所诉,受之而已矣。’大吏至,则曰:‘官能不生事,民哗,非官罪也。’则皆扶出之,诉者悉含诟去,则转以相告,无复来者。由是,卒获简讼之名。呜呼,舆图广矣,不皆得苏公。”(明)刘基:《诚意伯文集》(卷六),台湾商务印书馆 1986 年影印。

② 林端:《韦伯论中国传统法律——韦伯比较社会学的批判》,三民书局 2003 年版,第 49 ~ 149 页。

③ 参见[日]寺田浩明:《清代刑事审判中律例作用的再考察——关于实定法的“非规则”形态》《“非规则型法”之概念——以清代中国法为例》,载氏著:《权利与冤抑——寺田浩明中国法史论集》,王亚新等译,清华大学出版社 2012 年版,第 323 ~ 393 页。

法,亦与概念法学和实证法学的界定有异。之所以说与古人的看法不尽吻合,是因为,他们从未将情理与律例等同视之,而仅仅认为情理既可以成为律例的渊源即“揆诸天理,准诸人情”,又可以成为裁判的考量因素即“情法两尽”。情理并没有在规则意义上被适用,而只是一种平衡机制。是否符合情理,也只是一种感受。① 即使某些情理具有规则的性质和特点,但缺乏清晰性和确定性,很难被作为规则来适用。寺田浩明的意见,同样存在商榷余地。其一,律例虽然存在具体化、细则化的特点,但是,对其“法律”性质仍不能否定;其二,在司法实践中,参照情理作出平衡律例与案情的裁判,并没有消解律例的功能,更没有解构法律体系的规则属性;其三,文本上的律例,与行动中的法律,似乎不可完全等同视之;其四,从法律术语的运用来讲,称说某种法律是“非规则型”的法律,有些不易理解。总之,我们不能仅仅因为情理或公论具有“非规则”或“非实证”的特性,以及它们在裁判中的特殊功能,从而得出清代法律属于“非规则型法”的结论。

在一定程度上,社会科学理论和方法的创新,并不完全在于它的对或错,而在于它能否引起学者的共鸣,是否具有启发学者思考的价值。德国学者顾彬在《德国与中国:历史中的相遇》一书中曾说:“我不怕有错误的看法,但却很怕无聊的看法。如果一个人的观点完全是错误的但它很有趣,那么这样的观点值得我思考。”②虽说此言有些绝对,但学术研究的魅力,正在于此。在这个意义上,人文和社会科学永远处于一种“在路上”的状态。

对运用社会科学理论研究中国法律史的初学者来说,往往会出现“两张皮”的现象,即理论游离于研究对象。究其原因,可能是未能消化理论和熟练运用所致;或者,理论与研究问题不甚匹配;还有可能是,单纯研习理论,而忽略了以理论来研究涉及具体问题的相关作品。笔

---

① [日]滋贺秀三等:《明清时期的民事审判与民间契约》,王亚新等编译,法律出版社 1998 年版,第 34 页。

② [德]顾彬:《德国与中国:历史中的相遇》,李雪涛、张欣编,广西师范大学出版社 2013 年版,第 185 页。

者认为,克服这一困境的路径,可以像画家姜建忠在《素描新概念》中说的那样,“不断替换大师的‘拖鞋’走走”。[①] 观摩优秀的作品,好比书画艺术中的临帖、临摹,假以时日,即能渐渐掌握技巧、把握分寸。另外,在具体的研究和写作过程中,不必刻意张扬所用的理论和概念。换言之,理论和概念在具体研究中的运用,只要能做到舍弃其枝蔓、理解其精义,就可以了。对于社会科学理论,笔者的态度是,“弱水三千,只取一瓢饮”,关键在于如何运用得当。

三

结束本文之前,笔者想表达四点期待。

其一,出身史学和法学背景的学人,虽然各自接受了不同的学术训练、具有不同的研究路数,但史学重史料与法学讲证据,这意味着两者在学问的根本原则上并无差异。所以,过于强调史学风格的法律史研究与法学风格的法律史研究,实无必要。

其二,无论关注史实考证,抑或偏好社会科学的理论和方法,学者也大可不必视若秦越,拘执门户,完全可以发挥各自的长处。无论哪种路径,最终通向的目标,都是更好地认识和理解历史。

其三,基于这样的考虑,我们对史学取向、教义取向、社科取向的中国法律史研究,可持开放态度。学问之间的竞争,并不在于研究取向,而在于学者研究能力的高与低、学术成果的好与坏。

其四,从中国法律史的社会科学研究现状来看,仍有诸多不尽如人意之处。譬如,尽管运用了一些社会科学的理论、概念和方法,但具有创新意味的研究成果仍然非常鲜见。虽然采用了一些数据资料,可运用统计分析方法的学术论著尚未得见。

所有这些,皆是值得继续努力的方向。

---

① 姜建忠编著:《素描新概念》,上海大学出版社2007年版,第2页。

《法律和社会科学》(2018)
第 17 卷第 1 辑,第 17 ~24 页

类型化分析与中国法律史学

王志强*

摘　要:本文从强调社会科学区别于自然科学和人文学的立场,探讨社会科学方法对于法学范畴下法律史研究的意义。一方面,社会科学方法的运用对法律史研究的法学定位具有意义;另一方面,社会科学方法的内涵及其在法律史研究中的运用方式值得探讨。不同于人文体悟,社科方法通过逻辑推理,建立现象之间可验证的因果关系。类型化作为法学最核心的分析方法之一,能说明社会科学方法在中国法律史研究中的状况和问题。其表现形式包括法律传统作为整体的类型化分析、传统法律内部结构和内容的类型化分析,以及法律传统与外部要素关系的类型化分析。前两种方法的运用在中国法律史研究中较普遍,但第三种视角的运用目前尚有限。各种类型化方法交叉运用,并以非西方法为参照系进行类型化研究,有助于走出西方中心主义,获得更多启发。

关键词:类型化;社会科学方法;西方中心主义

在汉语表述中,社会科学有多层意涵。广义而

---

* 复旦大学法学院教授。

言,是指相对于自然科学而言、以人类社会为研究对象的各类学科的总称;一般狭义而言,是与人文学相对而言、以自然科学方法探讨人类社会现象的学科;而在更严格狭义的意义上,尽管存在一定争议,在西方学术界学科设置中,仍有相当一批学者坚持认为,典型的社会科学并不包含法学这一学科。① 本文并不试图深究法学和社会科学的关系这一复杂问题,而是采取较灵活的立场,即倾向于一般狭义或严格狭义的立场来理解"社会科学"这一概念,强调其区别于自然科学和人文学。

如果坚持在严格狭义的立场上理解法学与社会科学的关系,认为二者相互独立,则后者的方法与法律史研究之间的关系自然很值得探讨,就像用经济学的理念和分析方法讨论法学问题可以发展为一门蔚为大观的交叉学科,因为二者原本分属不同范畴,交叉融合有启迪发覆之功。但如果接受一般狭义上对社会科学的理解,既然法学本身就是社会科学门类之一,而法律史学作为法学的分支学科、运用法学的问题意识和分析方法研究历史上的法律现象,那么法学视角下的法律史研究当然就有社会科学方法至少是法学分析方法的运用,而其学科本身也当然属于社会科学的范畴。那么,所谓社会科学方法与法律史研究这一主题还有何研讨的意义?

这一主题的意义,恐怕至少存在于两个方面。一方面,即使在一般狭义上理解社会科学,即承认法学属于社会科学,也并不当然意味着目前对中国传统法的研究必然属于法学,因而属于狭义理解的社会科学的范畴。因此,强调社会科学方法在法律史研究中的运用,对于后者的法学定位而言,具有相当意义。在西方法学史上,近代德国法学家们特别是潘德克顿学派对罗马法的研究,普通法国家的法律职业者们对于判例的整理和研究,都是较典型的法学意义上的法律史研究。同时,由于这些研究中使用的法学方法本身具有一般狭义社会科学的性质,因

---

① [美]华勒斯坦等:《开放社会科学——重建社会科学报告》,刘锋译,生活·读书·新知三联书店1997年版,第30页;郑戈:《法学是一门社会科学吗?——试论"法律科学"的属性及其研究方法》,载强世功、李光昱主编:《北大法律评论》(第1卷第1辑),法律出版社1998年版,第1~30页。

此法律史学（至少这些成果所代表的法律史学）属于社会科学范畴，这是不难成立的。但在中国法律史学的学术史上，运用现代西方法学体系和方法分析中国法律传统确实在早期取得了显著成果，但此后的推进并未取得明显突破，也缺乏充分深入的方法性思考。相比而言，在关于中国传统法的研究成果中，包括前代学者对更早朝代法制的研究，有大量是在历史学的人文视野下，立足于各种关联事实的描述，更多通过人文体悟，以获得个体启示、做出价值判断、指引应然方向，在文献整理方面更是业绩斐然。需要强调，人文和社科两大范畴并立，方法各有侧重、各擅胜场，绝不具有高下之别，也绝不意味着否定中国法律史研究既有成果的重大贡献。在罗马法研究中，也有相当历史学的视角，甚至有人文学派。这里区分两种视角和方法，旨在说明社会科学方法（包括法学方法）在中国法律史研究中存在的问题和局限，强调这一主题的意义。

这就涉及关于本主题研讨意义的第二个方面，即什么是社会科学的方法，以及如何将其运用于法律史研究当中？简而言之，除了意义建构和分析等特有内容外，所谓社会科学方法，其核心其实就是自然科学的方法体系，是通过归纳和演绎推理，并运用可重复性验证，论断某一命题的真伪。以因果关系的分析为例。追问现象背后的原因，并非科学方法所特有的问题意识，两千多年前的贾谊在《过秦论》中思考的问题和提出的回答，就是针对历史现象的因果关系。但这种人文学思考方法与自然科学方法的不同之处，在于前者主要是体悟式和描述式的，是叙述两组或多组现象后，根据个体判断建构起现象之间的因果关系，但并不进行验证。所谓“验证”，是通过选择和设定验证性场景，证明某种原因现象存在后，某种结果现象必然产生，或后者存在时，前期作为前提条件已普遍存在，或前者的出现会加速或延滞但并不决定后者的出现，从而证明现象之间因果关系的性质，即原因现象对结果现象而言属于充分条件、必要条件，或是偶然条件、干扰条件。当然，社会历史场景中往往较难对因果关系进行充分验证，因此人文学的叙事式研究依然相当重要，而且往往在充分叙事的基础上，才构成验证的假设命题,也才能展开验证研究。但无论如何,社会科学的方法因此具有其科学性,使其结论具有更强的可检验性。

更进一步,如何运用?这里以类型化分析为例,简述社会科学方法运用于中国法律史研究的状况及存在的问题。

在对自然和社会现象的研究中,分类往往是阐释特定问题的必要手段,是广义上归纳法的一种具体运用,即通过归并同类项,将各种纷繁复杂的具体现象简单化,从而便于进行类型化的描述,并作为进一步分析和论证的基础。类型化是法学最核心的方法之一。不过,对任何现象进行分类,都不存在唯一正确、普适不变的标准。在自然科学中,对现象的分类标准和方式可以因为视角不同而天差地别。例如,以元素为基本标准的化学分类方式与以生物特征为标准的生物学分类方式显然完全不同,但这丝毫不影响二者都是科学的分类,都具有真理性,只是分类后要解释的现象和解决的问题不同。

在法学研究中,虽然刑事—民事、物权—债权、侵权—合同这样的分类是当代法学知识体系中的常识,但在不同的时空下,恐怕就未必适合用来作为分析的类型化工具,甚至在西方法的早期,如中世纪的英格兰法中,物权与债权、合同与侵权的界限就并不清晰,合同只是侵权的一种形式。其他类型化体系作为分析工具也同样如此。每种分类方式都有特定的来源背景,有用以解决和分析的问题及具体条件,因此各种建立在分类基础上的概念、体系和理论,都可能并不适合分析和解决其他时空之下的问题。这并非因为某种特定的分类方式本身有天然的错误,而是由于分类其实可以基于各种标准。一旦面对的现象和问题发生变化,既有的分类标准、相应的类型化模式和一整套概念和理论体系,都可能无法很好地用来理解新现象和解决新问题。人类可以通过性别标准分为男女,也可以通过年龄、种族、地缘等其他各种标准进行分类。而适用何种标准,主要看拟实现何种目的,不可能简单划一地处理。同时,随着新情况的出现,原有的标准和类型本身也可能需要调整,比如按性别标准的分类,在当代有些国家和地区就受到性取向和自我性别认同等文化性因素的影响;年龄标准的分类,则显然会受到社会发展条件和平均寿命状况等各种因素的影响而需要调整。

基于分类的类型化分析方法已在中国法律史研究中得到广泛运用,也有多种表现形式,在宏观上主要包括法律传统作为整体的类型化分析、传统法律内部结构和内容的类型化分析,以及法律传统与外部要素关系的类型化分析三个方面。

首先,将法律传统作为整体的类型化分析,是中国法律史既有研究中展开得最充分的方法之一,成果也非常显著。根据某些标准,对一批法律制度包括历史上的法律体系进行分类,这至少从马克斯·韦伯(Max Weber)的经典研究开始,就成为重要的研究主题,韦伯本人的理性—非理性、形式—非形式的著名二分四维模式,至今不仅在分析方法和模式形态上踵续者众多,其具体论断都仍有一定影响力。此后的研究者,或将中国法律传统置于世界法律体系的整体格局中进行类型化定位,或将中国传统法的特点进行归纳,在隐性比较的意义上与其他法律体系,特别是以现代西方为代表的法律形态构成类型意义的对比。前者,如罗伯特·昂格尔(Roberto M. Unger)将中国古代法置于"官僚法"类型,诺内特(Philippe Nonet)和塞尔兹尼克(Philip Selznick)在"压制型法"类型描述中提及中国固有法;①后者,如瞿同祖对中国传统法中家族和等级特质的突出描述、20世纪80年代以后对情理法或礼法文化的诸多论述,直到近期寺田浩明以"非规则型法"对中国法律传统的类型化概括。②

其次,对传统法律内部结构和内容的类型化分析,是中国法律史研究成果中普遍运用的方法,但需要反思和深化。创造抽象的法律概念对现象进行类型化总结、规范和分析,在法学发展史上是重大的进步。罗马私法最突出的成就和贡献,就在于提供了一套对具体规则进行概

① Roberto M. Unger, *Law in Modern Society: Toward a Criticism of Social Theory*, Free Press, 1976, pp. 86-109; Philippe Nonet & Philip Selznick, *Toward Responsive Law: Law and Society in Transition*, Transaction Publishers, 2001, pp. 41-42.

② [日]寺田浩明:《"非规则型法"之概念:以清代中国为素材》,载氏著:《权利与冤抑:寺田浩明中国法史论集》,王亚新等译,清华大学出版社2012年版,第357~393页。

念抽象并进行合理分类的宏大体系。因此,从法学视角研究历史上的法律,也必然需要立足于这种类型化分析的方式。对中国传统法律本身的描述,延续以杨鸿烈《中国法律发达史》一书为代表的早期中国法律史经典著述的传统,①目前大陆地区大部分教科书的体例,都是以现代法律部门模式来整合史料。不少断代法律史研究,包括戴炎辉关于唐律研究的经典著作,②也普遍运用了这一方法。其基本理论假设,是法律内部存在一套以现代部门法框架为标准的分类体系,各部门法内部也相应存在一套标准化的结构分类,而且这套类型化体系具有普适意义,可以用来对包括中国在内的所有国家地区、所有时代的法律体系进行合理分类和描述。但前已述及,即使在同一西方制度体系中,特定时代法律内部的类型化结构也未必能适用于其他时代,因此,法律内部类型化的多样性是自然且必然存在的。对此问题,目前法律史学界的反思已逐步成为普遍共识。

不过,当研究和思考进一步深入后,问题会显示出相当的复杂性。法律是否具有需要面对的公共问题?唐代是否也同样应该合理处理杀人的问题、债务纠纷的问题?如果确实如此,那么以这些共同的问题为基础,是否可能构建一个普适的法律内部的类型化框架?以及更进一步,普适意义的法学?或至少某一部门法学?或者,因为法定犯现象的大量普遍存在,犯罪具有特定社会的属性,法律内部如刑事法规范的类型化也仅具有相对性?还是,折中而言,由于自然犯和法定犯的普遍并存,因此这种规范的类型化会同时带有一定的普适性和一定的相对性?这当然都是需要回答的重要问题,不仅对于法律史学,而且对于整个法学理论,都具有重要意义。无论在公共问题和功能意义上建构普适类型化结构的努力,还是在法哲学或历史实证意义上对这种努力进行反证和否定,都需要实质性思考和推进的尝试。

最后,对法律传统与外部要素关系的类型化分析,在目前中国法律

---

① 杨鸿烈:《中国法律发达史》,中国政法大学出版社2009年版。

② 戴炎辉编著:《唐律通论》,正中书局1964年版;戴炎辉:《唐律各论》,三民书局1954年版。

史研究中运用尚不普遍，值得深入探索。探讨特定法律制度体系的形成背景，展现法律与其他社会条件直接的因果互动关系，这是在寻求各种现象因果关联性并进行检验的科学研究取向下，对法律进行分析和解释的外部视角。对法律与外部要素关系重视在外部视角和宏大背景下研讨法律问题，是深化和推进法学研究的内在需求。近年来国内法学界社科法学的兴起，其特色和重点其实就在于此。①

在中国法律史研究中，除了传统的社会形态理论和经济基础—上层建筑范式下对法律与其他社会现象的解释涉及类型化分析，其他通过类型化进行专门研究的状况并不普遍。达马斯卡（Mirjan R. Damaska）针对司法权力结构和目的取向对司法运行的影响做出了经典性研究，部分涉及中国包括传统中国法的相关问题，②并具有相当的解释力。在制度经济学理论推动下，由于其侧重从制度化保护产权等视角解释西方近代社会兴起的原因，引发中国经济史及法律史领域关注中西分流问题，以及中国传统制度中的产权问题及其他因素的作用，其中后者也可视为从另一维度展开的传统法律与外部要素关系的类型化研究。张泰苏的近著《儒家的法律与经济：前工业化时期中英家族与产权制度比较》通过中英比较，强调传统中国社会中宗族等级对经济制度和权利的影响，③是这一路径下的新近代表性成果。

因为此类研究针对的是关联性，故而与前述两种研究对象不同，研究指向的实际上是至少两组现象而不是两个现象，其中每组包括至少两个变量，一个是自变量，另一个是随自变量发生变化的他变量，而其中至少一个变量是法律现象，从而使研究具有法学意义。有的研究选取两种自变量要素，如达马斯卡的研究，其中每种要素又具有两分形

---

① 法教义学与社科法学的分歧，形式上主要在于关注对象的不同，前者侧重规范本身，后者侧重规范的实践及其外部关系，而引起这种侧重点差别的原因，根本主要在于对何者构成"法"的核心存在理解上的差别。

② Mirjan R. Damaska, *The Faces of Justice and State Authority*, Yale University Press, 1986, pp. 198 – 201.

③ Taisu Zhang, *The Laws and Economics of Confucianism: Kinship and Property in Preindustrial China and England*, Cambridge University Press, 2017.

态,使结构形态更为复杂。由于此类研究致力于一般因果关系的类型化构建,因此其研究范围和结论往往具有更大的覆盖面,解释力也不仅局限于历史上的法律现象。

类型化方法的运用如何推进?除了上述已提到的各种问题,特别是最后一种视角的类型化研究目前还相当欠缺之外,一方面,上述几种类型化视角的交叉运用,也可能带来更多的启发和新意。例如,对不同法律结构类型的政治或经济原因进行类型化分析,可能使不同时空下法律体系的差别及其形成机理,如中国传统法体系中所谓"重刑轻民"的现象,得到更充分的解释。另一方面,从既有中国法律史研究成果中,可看出其中的突出问题是西方中心主义状况明显。无论是必须寻求相对参照系的整体特征类型化、与外部变量因素相互关系的类型化,还是形式上并不以参照系为必要条件的法律内部内容和结构分类,都普遍地以西方法为主要参照系,且往往是唯一参照系。这既显示了西方法律制度和学术话语的强大影响力,也对类型化方法本应带来的宏大视野和比较优势造成明显局限。因此,以以非西方法为参照系素材进行关于中国法律史的类型化研究,是走出西方中心主义的重要途径。

《法律和社会科学》(2018)
第17卷第1辑,第25~41页

史料文献与跨学科方法在中国法律史研究中的运用

陈　利*

摘　要:本文借鉴跨学科理论和方法,对史料的性质、搜集、挖掘和分析利用等方面的工作进行了初步探讨。笔者结合自己的体会和近年海外中国研究的成果,将这些工作暂且简单归纳为四个字:思全深新。即对史料性质要认真思考;对互补性史料收集要全;对重要史料挖掘要深;对史料分析角度要新。希望这些初步的探讨能抛砖引玉,促进研究者们在利用司法档案和其他相关史料时,挖掘更多新的研究问题和路径,并取得更大的研究成果。

关键词:司法档案;微观史;隐形档案;互补性史料

近二十年来,中国法律史研究大有方兴未艾之势,出版了数量可观的学术文章和专著。究其

---

* 加拿大多伦多大学历史与文化系和历史系副教授,多伦多大学法学院暨刑法学和社会法学研究中心兼职教授。其专著 Li Chen, *Chinese Law in Imperial Eyes*: *Sovereignty*, *Justice*, *and Transcultural Politics* (Columbia University Press, 2015)获得美国亚洲研究协会2018年中国研究最佳著作列文森奖。

原因,除了研究者对传统法律文化的兴趣增加外,还包括近些年来法律文献资料的发掘、整理、开放和出版工作也是成绩斐然,促成了各种新的研究项目。不过,虽然法律史研究的著作源源不断地出版,但取得重大理论突破或对具体课题研究有开创性分析的上乘之作仍然屈指可数。不少论者认为,导致这种局面的一个重要原因,是研究者对史料的收集和利用缺乏深入的思考和理论性指导,而在研究法律史时也对运用交叉学科的概念或分析框架缺乏兴趣或信心。要解决这些问题,长远之计是鼓励年轻学者更好地提高这方面的研究方法和理论水平。

为此,应本辑执行主编之邀,笔者不顾才疏学浅,就过去二十余年求学及研究中的个人体会和管见所及,同青年读者们试着探讨一下如何将史料利用和研究方法有机紧密地结合起来,希望有助于找到一些新的研究角度并提高分析的深度和学术价值。本文所论对于训练有素的学者自属基本常识,遭班门弄斧之讥在所难免,但如果能促进年轻学者对此有更多的思考,也不算浪费了时间和版面。交稿时限较短,兼之不少想法是初次进行书面梳理,所以谬误之处只得俟日后再补充修正。知我罪我,权当抛砖引玉!

自从历史学研究作为一门现代专门学科以来,提倡用“科学”方法治史的观点,在很长时间内占据学界的主流地位。所谓的原始资料,尤其是官方档案文献,就成了绝大多数历史研究者最为重视的学术资源和立论之本(本文用“史料”一词来指称包括官方档案在内的各种所谓的原始资料)。史料的翔实和被赋予的权威程度,经常决定了历史著作的学术价值和影响。这种强调史料的客观性和权威性并坚信研究使命是还原历史事实和真相的观念,直到20世纪后半叶才开始受到较为广泛的质疑和挑战,但其影响在当今史学界仍然随处可见。这对于将朝廷颁布的律典条文或官方司法档案作为主要资料和研究对象的法律史学者来说,尤其如此。

以清代法律史研究为例,最近几十年来整理开放的资料,不仅有台北和北京故宫现存海量的清代中央各部门档案文献(包括各种奏折和题本等),还有四川巴县、南部县和冕宁县,顺天府宝坻县,台湾淡水厅新竹县,青海西宁府,以及辽宁双城县等地方衙门的司法判决文书及行政档案。由于这些档案来源于政府机构,似乎具有不容置疑的客观性和权威性,又因为它们所保留的历史信息在数量和类型上具有绝大多数其他文献资料难以比拟的优势,所以成为众多清史研究者的学术宝藏和争相援引的资料。① 但是,这些庞大数量的史料,在促进了研究的同时,也造成了研究者对这些史料的依赖性和很大的被动。多数研究者并没有对这些档案或相关史料的形成和性质进行深入分析和批判性研究,对其价值和局限性认识不够充分,因而限制了自己分析和利用这些档案的理论深度。

最近一二十年间,在欧美的人文和社会科学研究领域中,形成了一个所谓"转向档案"(the archival turn)的学术潮流。不少学者就如何利用官方档案做了很多有益分析,还引申出将档案视为一个理论概念、一种集体记忆、一种社会政治或文化空间来进行研究。而在历史学界,越来越多的研究者不再简单认为档案(只)是寻求历史真相的数据库,也不再认为历史学家的工作(只)是将历史事实客观重现。新史学理论呼吁我们要重新审视现存史料的来源和性质,以及研究者的使命和工作。就如同美国历史人类学家安·斯窦乐(Ann L. Stoler)所说,历史档案不是"找回"历史知识[和真相]之所在,而是"生产"历史知识[和真相]之所在;并且,档案的结构、组织形式和信息分类,都反映了背后的知识体系和政治权力关系。② 换句话说,包括历史档案在内的史料,不应该像过去那样只被当作历史研究的信息来源,它们本身就应该是历史学研究的对象和思考的核心问题。这就要求我们对史料的收集、选择、解读和分析进行综合细致的考虑。

为此,笔者在本文中拟结合自己的体会和对近年海外中国研究成

① 此外,近年发现的清代地方司法档案,还有陕西紫阳县档案(笔者尚未有机会对此档案的价值作系统考察),数量不大的安徽南陵县档案,河南巡抚衙门档案,浙江龙泉县档案,以及四川江津县档案。龙泉县和江津县的档案绝大多数是民国时期的案卷。

② Ann L. Stoler, Colonial Archives and the Arts of Governance, *Archival Science*, Vol. 2, Issue 1-2 (2002), pp. 87-110.

果的了解,为年轻读者将这些方面的工作暂且简单归纳为四个字:思全深新。换言之则是:对史料的性质要认真思考;对互补性史料收集要全;对重要的史料挖掘要深;对史料的分析角度要新。这些听起来都像老生常谈,但真要做到位,则并非易事。笔者在此前研究中也并非都能将这些建议落实,更遑论达到较高水平。所以本文目的是一种交流学习,也是同读者共勉!

一、对史料的性质和价值要做更多批判性思考

作为史学研究者,首先我们要正视一个显而易见但又很少被重视的事实:所有史料,尤其是官方档案资料,本质上都具有残缺性(incomplete or fragmentary)和片面性(interested or even biased)的双重特点。这些特点,一方面体现在现存史料从数量上来看只能是相关信息的一部分或极小部分,另一方面则体现在现存史料从内容上来看只代表了部分当事人、见证人、转述人或评论人的角度。这可以从当前年轻学者比较熟悉的日常生活来理解。就像 19 世纪末中国出现的那些中英文报纸对清末时事的报道今天已经成了研究者的原始资料一样,现在互联网上的各种公众号、微信或 QQ 交流的记录或截图,爱奇艺、YouTube 或快手上由无数知名不知名的用户自导自演并免费上传的音像资料,甚至淘宝上拍卖东西的广告和图像,都可能成为将来学术研究的原始资料或史料。

很显然,这些资料不可能都会完整保存下来(比如,我们用手机拍摄的照片和微信聊天的记录,以及手提电脑里的文件,除了自己故意删除外,还经常因电子设备更新换代而在无意中就永久性丧失了),即便保存下来的资料,对于了解 21 世纪初中国社会各方面的情况而言,最多只能提供挂一漏万、浮光掠影的信息;而这些资料的产生和保存过程中所涉及的各种偶然因素和个人动机,则更是将来的研究者难以准确解释的问题。这个道理,同样适用于 20 世纪初以前的档案文献和其他

史料。

对于没有现代媒体和音像技术的历史时期，史料的残缺性更加明显。除了现存文字资料本就支离破碎之外，我们对于由转瞬即逝的视觉、听觉及嗅觉所感受到的历史现实生活知之更少。今天只能凭着现存的极少信息，来想象明清甚至更早时期的音乐或戏曲演奏的方式和效果，文人吟诗作画的声音和表情，市井小民如何骂大街和欢庆节日，或者君臣朝堂议事争论不休等日常生活百态。如果我们同意历史上所有发生过、存在过或经历过的事物或现象都留下了某种有形或无形的历史痕迹，那么可以进一步推定，目前尚无法找到的历史记录或痕迹，形成了同现有各种文本和非文本史料之间一种相互呼应和互相解读的关系。这些对理解现存史料密切相关的信息，可被称为“隐形史料”（invisible sources），而相对于现有档案而言则可称为“隐形档案”（invisible archives）。承认这些隐形史料的存在，有助于我们在利用和解读现有档案和其他史料时，秉持一种更加谨慎和开放的态度。在分析史料时，不会拘泥于先入为主的想法，而是批判性地对待现有史料中的信息，研究它们产生的背景和涉及的利害关系，并分析有哪些相关的信息被有意无意地埋没或销毁了。（包括问自己：还有什么隐性史料或档案存在？后者对同一个事情或现象会有什么别的解释或信息？）

正视史料的残缺性及片面性，并重视隐性史料，不是苛求研究者去重构成百上千年前的历史全貌。但如果一个作品或著作确实能很好地再现已经了无踪影的历史场面或图景，则往往会成为传世之作。像北宋张择端的《清明上河图》、1751 年的《乾隆南巡图》和清朝的《红楼梦》之类的美术或文学作品，其重大历史价值就在于通过非凡的艺术手法，将当时的社会、政治、文化或个人生活的种种细节栩栩如生地展示给后世的观者或读者，而这是无数其他历史文献和档案加起来可能都无法达到的效果。同样，在历史学领域，除了下文提到的孔飞力（Philip Kuhn）和金斯伯格（Carlo Ginzburg）的微观史名著外，耶鲁大学的史景迁（Jonathan Spence）、英属哥伦比亚大学的卜正民（Timothy Brook）和加州大学的曼素恩（Susan Mann）等当代顶尖汉学家的一些中国史著作之所以蜚声中外,很大程度也是因为他们将深厚的史学功底和高超的史料运用与写作技巧结合起来,让现代读者能身临其境地重温几百年前的历史和生活。① 易言之,这些学术名著通过精彩的史料分析和文笔,以及由此让读者产生的合理想象和推理,一定程度弥补了史料的残缺,重建了部分隐性史料,从而大大地缩短了读者和历史现实之间的距离。

对史料来源和性质进行考察,还会让我们更加关注史料的创造者和目标受众的性别、种族、宗教、经济、社会和政治背景及他们相互间的权力关系,从而对史料内容可以更准确地予以把握和分析。在这方面,可以借鉴近几十年的女性研究、种族研究和后殖民主义研究等领域的学术成果和理论方法。以中国妇女史为例,除了高彦颐(Dorothy Ko)、曼素恩(Susan Mann)、贺萧(Gail Hershatter)等西方学者研究明清时期妇女的重要学术成果之外,法律史领域中也有白凯(Katherine Bernhardt)和柏清韵(Bettine Birge)等学者对宋元明清时期的妇女财产权、婚姻和法律主体性的研究。② 但是从妇女史或性别史的角度来研究清代司法档案还有很大空间。比如对司法文书进行性别化解读(gendered reading),可能会赋予无数地方司法档案和刑科题本以新的

---

① 尤其参见 Jonathan Spence, *The Death of Woman Wang*, New York: The Vikings Press, 1978; Timothy Brook, *Vermeer's Hat: The Seventeenth Century and the Dawn of the Global World*, New York: Bloomsbury, 2008; Timothy Brook, *The Confusions of Pleasure: Commerce and Culture in Ming China*, Berkeley: University of California Press, 1999 [该书获得 2000 年的亚洲研究协会列文森(Joseph Levenson) 1900 年前中国研究最佳著作奖]; Susan Mann, *The Talented Women of the Zhang Family*, Berkeley: University of California Press, 2007 [该书中译版见[美]曼素恩:《张门才女》,罗晓翔译,北京大学出版社 2015 年版;英文原版获得 2008 年美国历史学会费正清(John King Fairbank)东亚史最佳著作奖]。芝加哥大学的 Johanna Ransmeier 关于清末至 20 世纪 50 年代拐卖人口的专著,也大有其师史景迁的写作风格。参见 Johanna S. Ransmeier, *Sold People: Traffickers and Family Life in North China*, Cambridge: Harvard University Press, 2017。

② Gail Hershatter, *The Gender of Memory: Rural Women and China's Collective Past*, Berkeley: University of California Press, 2011; Lisa Tran, *Concubines in Court: Marriage and Monogamy in Twentieth - Century China*, London: Rowman and Littlefield Publishers, 2015; Katherine Bernhardt, *Women and Property in China*, 960 - 1949, Stanford University Press, 1999; Bettine Birge, *Marriage and the Law in the Age of Khubilai Khan: Cases from the Yuan dianzhang*, Cambridge: Harvard University Press, 2017; Bettine Birge, *Women, Property, and Confucian Reaction in Sung and Yüan China*, 960 - 1368, Cambridge University Press, 2002.

利用价值和分析维度;档案中对男女涉案者的描述,可以揭示当时关于两性在生理和心理特征、家庭及社会角色定位等方面所存在的社会和文化心态。苏成捷(Matthew Sommer)对清政府如何规范同性性关系的研究,以及戴真兰(Janet Theiss)对清代妇女面临的道德压力和性别秩序(gender order)的研究,都是这方面很好的例子。①

二、对类型和内容互补的史料收集要尽量全

提倡史料收集要全,不是说研究时要穷尽一切资料,也不是说资料总是多多益善,而是建议在史料数量满足基本要求的基础之上,对内容和类型互补的资料要尽量收集齐全。此一考虑,主要是基于上文提到的现存史料天生具有残缺性和片面性的双重特点。收集内容及类型各异而又互补(complementary)的史料,有助于研究者听到代表不同利益、阶层、性别和观察角度的各方声音和主张,进而重构一个更加包容(inclusive)和多元化(diverse)的历史叙事,从而更准确地了解历史事件的来龙去脉,以免我们的研究总是被历史或档案胜利者(victors of history/the archive)的角度(经常也就是强权或精英者的角度)决定。

以清代法律史研究为例,除了利用中央或地方政府留下来的律典、条例、地方法规、通行、成案、谕旨、奏折或题本、实录和说帖等官方文

---

① Matthew Sommer, *Sex, Law and Society in Late Imperial China*, Stanford: Stanford University Press, 2000; Sommer, *Polyandry and Wife - Selling in Qing Dynasty China: Survival Strategies and Judicial Interventions*, Berkeley: University of California Press, 2015; Janet Theiss, *Disgraceful Matters: The Politics of Chastity in Eighteenth - Century China*, Berkeley and Los Angeles: University of California Press, 2004. 戴真兰(Janet Theiss)其他相关的文章,可见"Love in a Confucian Climate: The Perils of Intimacy in Eighteenth - Century China", *Nan Nü: Men, Women and Gender in Early and Imperial China*, Vol. 11, No. 2 (March 2009), pp. 197 - 233; "Explaining the Shrew: Narratives of Spousal Violence and the Critique of Masculinity in 18th - Century Criminal Cases", in Robert Hegel and Katherine Carlitz, eds., *Law and Writing in Late Imperial China*, Seattle: University of Washington Press, 2007, pp. 44 - 63; "Female Suicide, Subjectivity and the State in Eighteenth - Century China", *Gender and History*, Vol. 16, No. 3 (November 2004), pp. 1 - 25。

献,以及其他各种司法和行政文书档案外,研究者还应该对方志、家谱、已/未出版的文集、私人日记和信函、各种民间契约、文书、碑刻或志铭、行规或民间不成文惯习、采访或口述记录,以及有关的影像或器物等各种文字/非文字资料,进行收集整理,分析其价值、关系和互补性。① 在实践中,并不是每个研究项目都能收集到类型和内容这么齐备的史料,但在设计资料收集工作和分析所得资料时,研究者应该有这个预先规划和统筹意识,并认识到所收集信息以及因此得出的结论之局限性。

若将清末光绪初年著名的杨乃武与小白菜一案作为例子,对于二人是否因奸毒杀后者丈夫葛品连以及他们的死刑为何最终被刑部复审推翻,有研究者可能会选择就刑部档案,再加上翁同龢或其他刑部官员的私人日记,来比较分析清朝刑事法制或司法实践的特点,就如同哈佛大学安守廉(William Alford)1984年发表的文章那样;而别的研究者可能将上述司法档案,同上海的《申报》或《北华捷报》等大众传媒上连篇累牍的跟踪报道结合起来,分析官方和民间士绅(尤其是浙籍人士)以及中外社会舆论对于该案案情和结果的不同理解、表述及其利益诉求,或者分析它们如何反映了传统中国司法政治和"黑幕"(比如徐忠明和杜金关于此案的研究);还有研究者可能会集中研究清末以来关于该案的各种传奇、故事、文学及戏剧,以了解中国文学和法律文化的互动及演变。而比较理想的方案是将这些材料(及其他相关信息)都能在某种意义上考虑进去。② 因为这些资料来源各异,代表了不同利益、角度和时代背景,其结果就是对同一事件可能形成了多种但都自成一体的合理解读,或者说多种都能自圆其说的复数"真相"或历史叙事(plural "truths" or multiple narratives)。这不是说从原则上否认历史事

---

① 除考古学家和人类学家挖掘的研究资料外,最近这些年来,不少新的史料还来源于历史学家主动进行田野调查或对各种对非传统史料的收集。李雪梅:《法制"镂之金石"传统与明清碑禁体系》,中华书局2015年版。

② William Alford, Of Arsenic and Old Laws: Looking Anew at Criminal Justice in Late Imperial China, *California Law* Review, Vol. 72, Issue 6 (1984), pp. 1180 - 1250; Madeline Y. Dong, Communities and Communication: A Study of the Case of Yang Naiwu, 1873 - 1877, *Late Imperial China*, Vol. 16, No. 1 (1995), pp. 79 - 119; 徐忠明、杜金:《谁是真凶:清代命案的政治法律分析》,广西师范大学出版社2014年版,第44~86页。

实的客观性或者否认史料有其相对可靠性，而是说特定研究者不见得有足够的信息来确认自己的解释就是最准确可靠的。通过对不同类型的资料进行综合比较和批判性分析，或者对关于同一事件的不同史料就其事实根据和动机进行“交叉询问”（cross - examine），我们可以从多角度来理解事情原委和当事者的想法及行为，还经常可以在不同表述或材料的缝隙（fissures）之间寻找到可能更接近历史事实的第三种解读。顺便值得一提的是，不同研究者在收集、整理、分析相关史料时，可能在具体操作中有不同的选择和考量，因而会产生在承认多种历史叙事的基础上又一种新的变量和解读。

在《帝国眼中的中国法律》（暂定译名）一书中，笔者为了分析欧美国家对中国法律和社会的认知形成过程，不仅使用了横跨二百多年的各种中外官方档案（不同程度地涉及了包括中国、英国、美国、葡萄牙、西班牙、法国、荷兰等国的资料）、大量的游记、外交官和政要的私人日记或信函、西方知识界名流和传教士的著作，还使用了源于 10 个西方和亚洲国家地区中近 30 个不同城市发行的 70 多家报纸杂志，以及从数十个博物馆和图书馆中收藏的文献资料、水彩画或明信片和照片等。其目的之一就是希望改变过去那些只专注于官方档案或其他一两种类型史料的研究倾向，更好地把握西方对中国法律文化的理解及想象是在什么样的话语体系中和复杂动荡的国际关系条件下形成并演变的。在考虑不同声音和观点的同时，该书也希望能借此反过来观察上述材料所反映和催生的中国形象以及中西异同的观点在西方是如何传播的，对西方不同社会阶层带来何种影响。所以该书分别从档案（archival）、知识界（intellectual）、大众（popular）和官方政府（official）的角度来展开分析，多维度、多切面地探讨一组相互关联的理论问题。①

① 有兴趣的读者，可参见 Li Chen, *Chinese Law in Imperial Eyes: Sovereignty, Justice, and Transcultural Politics*, New York: Columbia University Press, 2015 (reprinted 2018)。该书的中译本预计 2018 年年底或 2019 年年初由浙江大学出版社出版。使用大量官方文献和大众传媒资料来研究第二次鸦片战争的佳作，可参看 John Y. Wong, *Deadly Dreams: Opium, Imperialism, and the Arrow War (1856 - 60) in China*, Cambridge University Press, 1998。

史料互补性(complementarity)的问题常常不是一个事实问题,而是史学理论和研究方法问题。① 为了更好地理解这个问题,我们需要改变过去长期将法律史局限于研究国家法律制度或者司法判决模式的做法,而是将法律和法律史作为一个了解特定历史时期的政治、社会、经济、文化等相关问题的重要有机组成部分和窗口。这也就要求我们从研究那些方面的学术领域中汲取有用的概念、理论和分析方法。诚然,一篇论文或一本书不可能研究太多不同的问题,但是我们应该有这种跨越学科界限的主观意图和学术培养,适当借鉴其他学科的研究方法和理论来设计研究题目和问题,寻找理论框架,并指导史料收集和分析工作。

三、对有价值的线索或案例在史料上挖掘要深

上文探讨了史料利用和分析的横向关系,本节再谈谈史料利用和分析的纵向关系,亦即对关键线索或有特殊价值的史料挖掘要深。这要求我们像超级侦探一样对相关史料抽丝剥茧地寻找和剖析,包括上文提到的互补性史料和隐性史料,并在把握了史料多维度意义的基础上,将一个历史事件或现象分析透彻,领悟到它们在更大范围内的社会、经济、政治和文化意义。

这种做法在实践中如何操作及其学术价值,在微观史著作中得到了很好的体现。虽然国内法律史学界使用这种方法的仍然较少,但以卡洛·金斯伯格(Carlo Ginzburg)等为首的意大利微观史学家所提倡的方法已经为不少国内学者所了解。在《奶酪与虫子》这一经典名著中,金斯伯格通过深入分析一位16世纪的意大利小磨坊主因信奉违背天主教教义的异端邪说而被宗教裁判所审判时留下的供词,重建了正

① 将来如果有机会,笔者希望能分析一下史料的互补性(complementarity)和补充性(supplementarity)之间的关系。

史不载但在乡间口耳相传的民间宗教信仰和地方社会文化生活的面貌。① 他的另一专著《夜晚的战斗》(*The Night Battles*)则研究一群因为相信灵魂会在半夜升空作战保护自己而被视为异端加以迫害的意大利北部村民的案例,揭示了16世纪、17世纪欧洲统治阶层如何将风俗文化的差异变成了理性信仰与巫术邪教之间的矛盾。② 就微观史学家而言,一些看似反常或特殊的现象,经常昭示了(别处没记录下来的)更大范围内的普遍现象和历史潮流,即卡洛·金斯伯格和另一位意大利微观史学家额多阿多·格兰地(Edoardo Grendi)所称的"例外的普遍"(the exceptional normal)。③

同金斯伯格的书相对应,现住多伦多的著名史学家纳塔莉·戴维斯(Natalie Davis)通过讲述一个16世纪的法国农民多年冒名顶替他人丈夫而最后受审的故事,利用各种司法文书信息和其他资料,以及作者自己的合理推理,为读者成功展示了当时法国农村社会在财产继承、社会风俗、家庭关系和司法制度等方面的图景。④ 中国史领域中的如下两本获奖专著也可被视为微观史的范畴。孔飞力(Philip Kuhn)的名著

---

① Carlo Ginzburg, *The Cheese and the Worms: The Cosmos of a Sixteenth - Century Miller*, trans. by John Tedeschi and Anne C. Tedeschi, London: Routledge & Kegan Paul PLC, 1980.

② Carlo Ginzburg, *The Night Battles: Witchcraft and Agrarian Cults in the Sixteenth and Seventeenth Centuries*, trans. by John Tedeschi and Anne C. Tedeschi, Baltimore: Johns Hopkins University Press, 2013. 此书的意大利文原版出版于1966年,英译本最初出版于1983年。

③ Carlo Ginzburg, *The Night Battles: Witchcraft and Agrarian Cults in the Sixteenth and Seventeenth Centuries*, trans. by John Tedeschi and Anne C. Tedeschi, Baltimore: Johns Hopkins University Press, 2013, xi, 57. 关于金斯伯格自己后来对微观史的回顾和揭示,参见Carlo Ginzburg, *Threads and Traces: True, False, Fictive*, trans. by Anne C. Tedeschi and John Tedeschi, Berkeley: University of California Press, 2012, pp. 193 - 214。

④ Natalie Z. Davis, *The Return of Martin Guierre*, Cambridge: Harvard University Press, 1983. 戴维斯曾担任多伦多大学历史系教授。需要指出的是,在这些被笼统称为"微观史学家"的学者之间,也存在方法和理论上的差别和分歧。例如,金斯伯格对戴维斯在史料运用和解读上的方法和理念就颇有微词,前者对后者的《马丁·盖尔归来》(*The Return of Martin Guierre*)一书的点评,参见Carlo Ginzburg, *Threads and Traces: True, False, Fictive*, trans. by Anne C. Tedeschi and John Tedeschi, Berkeley: University of California Press, 2012, pp. 55 - 71。

《叫魂》一书,对1768年(乾隆三十三年)从江苏爆发并席卷大半个中国的谣传割辫夺人魂魄而造成的恐慌和司法追捕进行了细致分析,从而揭示了18世纪乾隆盛世表象下所潜伏的重重危机和矛盾,以及清代政治体系中的专制皇权(monarchical power)和官僚权力(bureaucratic power)之间的张力和共生关系。而林郁沁(Eugenia Lean)的《施剑翘复仇案》一书,则研究了20世纪20年代的奇女子施剑翘在佛堂枪杀军阀孙传芳为父复仇这一案例。她详细考察了此案所引发的民国时期政治、法律、知识界人士和公众关于传统道德观念和现代国家法治关系的大辩论,对中国现代"公民社会"(civil society)和"公共空间"(public sphere)在形成过程中的特点和复杂性提出了令人耳目一新的解释。[①]

上述这些微观史名著,显示了作者既能高屋建瓴更能细致入微地运用史料,通过个案研究,总结出既根植于翔实史料又在理论上超出本案范围的历史意义,从而找到了被宏大历史叙事所掩盖、被中长期制度或经济、社会史所遗漏的分析视角。这些研究从史学方法和理论上,挑战了费尔南·布劳岱尔(Fernand Braudel, 1902 - 1985)等年鉴学派(The Annales School)史学家所强调的长时段(*longue duree*)和决定性宏观结构性因素,以及为国内读者熟知的黄仁宇的大历史观,[②]也为理

① Philip A. Kuhn, *Soulstealers: The Chinese Sorcery Scare of 1768*, Cambridge: Harvard University Press, 1990(该书中译本为[美]孔飞力:《叫魂:1768年中国妖术大恐慌》,陈兼、刘昶译,生活·读书·新知三联书店、上海三联书店2012年版);Eugenia Lean, *Public Passions: The Trial of Shi Jianqiao and the Rise of Popular Sympathy*, Berkeley: University of California Press, 2007(该书中译本为[美]林郁沁:《施剑翘复仇案:民国时期公众同情的兴起与影响》,陈湘静译,江苏人民出版社2011年版)。孔飞力书获得1992年美国亚洲研究协会关于1900年前中国研究的最佳著作奖即列文森奖(Joseph Levenson Book Prize),而林郁沁书则获得2007年美国历史学会的东亚近代史研究最佳著作奖即费正清奖(John K. Fairbank Prize)。

② 有意思的是,黄仁宇在分析具体事件或时段的细节时,同微观史方法有不少相通之处,但他过分强调自然地理环境和结构性制度的作用,同西方年鉴学派的观点似乎渊源更深。强调这些外部结构性因素在三四百年甚至更长时段内对历史进程的决定性作用(其本质上同18世纪中期以来包括孟德斯鸠在内的无数西方作者对中、西文明和发展途径异同所做的解释在方法上有惊人的相似,虽然作者的初衷和动机可能完全不同),稍有不慎就将历史发展扁平化(flattening)和过于简单机械化了,也过多抹杀了历史结局本身所具有的偶然性和不可预见性,低估了历史人物的主观能动性和改变历史发展的可能性。

解历史发展和变迁提供了一个新的、有时更有效的路径。

笔者的《帝国眼中的中国法律》一书的第一章,[①]研究了 1784 年"休斯女士号"案件及其对中外关系和现代历史学的影响,也算是微观史研究的一个例子。为了撰写这一章,笔者在十年间收集了各种涉及本案的文献资料,并结合一百多年间其他中西法律纠纷相关的官方档案和非官方表述,将一个二百多年来关于本案看似牢不可破的通说(认为该案件的性质属于过失杀人,而且是西方寻求在华治外法权的道德和法理依据),从其事实依据、法律推理和相关历史研究等几个方面进行了根本性质疑,并结合该案件所涉及的中外各方在全球范围内的政治、经济和文化诉求,重新诠释了西方在华治外法权的根源和所谓的中西文明冲突论是如何构建起来的。其中一件重要的中文奏折,作者整整找了十年,几经周折,才终于从北京第一历史档案馆中手抄出来,而此件至今仍未对外公开。

对该案件的研究,还揭示了垄断性话语体系(primary discourse)影响下产生的有明显偏见的论述,如何变成了权威的官方档案和现代研究所依赖的原始资料(primary source),再经著名历史学家之手变成了从大众到学者均无人质疑的共识和真相。这个由垄断性话语体系到原始资料的嬗变过程,是值得所有历史学者关注并警惕的。作为一个"微观全球史"(global microhistory)的例子,研究"休斯女士号"案的意义也超出了本案,其分析结果对帝国档案的产生、权力知识体系的形成,以及国际关系和历史学的演变,都提供了新的解释。[②] 这次尝试也表明,微观史研究是可以同其他研究方法有效结合起来的。而就本文的主题而言,重点还在于研究者要懂得如何深挖史料以及为什么。

---

① 该章内容先前曾以期刊论文的形式发表,参见 Li Chen, Law, Empire, and Historiography of Modern Sino-Western Relations: A Case Study *of* the *Lady Hughes* Controversy in 1784", *Law and History Review*, Vol. 27, No. 1 (2009), pp. 1 – 53。该论文的中译本为陈利:《法律、帝国与近代中西关系的历史学:1784 年"休斯女士号"冲突的个案研究》,载《北大法律评论》(第 12 卷第 2 辑),北京大学出版社 2011 年版,第 437 ~ 481 页。

② Li Chen, *Chinese Law in Imperial Eyes: Sovereignty, Justice, and Transcultural Politics*, New York: Columbia University Press, 2015, pp. 25 – 68.

四、在史料分析上要勇于创新

在分析史料、表达论点和选用分析框架上要敢于创新。年轻学者不要怕人说自己标新立异,但也不希望被人说只会标新立异。研究要有创造性,这无疑是学术训练中的一个基本要求,但是知易行难,面对大量司法档案和其他史料的明清法律史学者尤其如此。

一方面,如同上文指出的,有创意的研究和分析,首先是建立在对史料进行深入细致地综合考察和批判性思考的基础之上的。比如在使用清代司法档案文献时,我们要留心它们反映了当事各方什么样的社会地位和不平等关系,档案中的叙述抹杀了什么人的声音,被书吏或幕友整理过的诉讼案卷(包括犯人供词或详文等)当中有哪些情节被改动了,清代刑部或皇帝驳回地方官员判决时所依据的理由反映了什么样的司法和政治考量或意识形态等。这和安·斯窦乐(Ann L. Stoler)等学者提倡的对档案文献进行"逆纹理阅读"(read against the archival grain)的方法一致。通过比较分析和挖掘不同史料间的关系和差异,读出文献资料字面之外或字里行间的意思,进而获得重新解释历史人物和事件的视角和信息。安·斯窦乐在此后的专著中还提倡了"顺纹理阅读"(read along the archival grain)的方法,来捕捉史料中和授权表述(authorized narrative)不一致的官方个别人员的情绪和看法。①

另一方面,要在历史研究上不断创新,我们有必要熟悉各种史学理论和不同学科的研究方法。除了历史学(不只是法律史),平常还可多关注人类学、社会学、经济学、政治学、哲学、文学以及文化研究等领域内相关的成果和方法。此前已经有不少学者将其他学科的概念方法经由经济史、社会史和文化史等角度引入中国法律史研究中来,包括大家熟悉的黄宗智(Philip Huang)、曾小萍(Madeleine Zelin)、苏成捷

① Ann L. Stoler, *Along the Archival Grain: Epistemic Anxieties and Colonial Common Sense*, Princeton University Press, 2009.

(Matthew Sommer)、步德茂(Thomas Buoye)、络睦德(Teemu Ruskola)和邱澎生等海外资深学者,以及如梁治平、朱苏力、徐忠明、强世功、尤陈俊和章永乐等国内学者。陈惠馨、王志强、张泰苏和其他一些学者从跨文化比较的角度来研究中国法律史,亦是另一个学术创新的重要途径。需要说明的是,此处仅就笔者最熟悉的学者而言,其他有理论建树或跨领域研究的学者暂不赘述。[①] 笔者的《帝国眼中的中国法律》一书同样借鉴了来自中国史、英国史、南亚史、欧洲法律史、西方帝国和殖民史、国际关系史、国际法研究、文化研究和后殖民主义理论、翻译理论、艺术史,以及批判性人类学等多个领域的学术成果。

当然,历史研究中运用理论或借用其他领域的概念或方法并非毫无弊端。黄宗智在20年前曾指出,运用理论不慎或不妥,可能会陷入"不加批判运用、意识形态化运用、西方中心主义和文化相对主义(包括中国中心主义)"等四大陷阱。[②] 但是如果对这些陷阱有充分认识并加以防范,合理运用理论可帮助拓宽研究思路,重新审视史料性质和内容,并因而对历史事件和现象作出或许更准确的解释。这些不同以往的思路,常常能给一些看似了无新意的题目和材料赋予新的意义,甚至将一些史料"变废为宝"。一个很好的例子是纳塔利·戴维斯(Natalie Davis)的名著《档案中的虚构》所使用的"赦罪书"(letter of remission)。

---

① 这批作者的中文专著国内读者都很熟悉;英文著作可参见 Philip C. C. Huang, *Civil Justice in China: Representation and Practice in the Qing*, Stanford University Press, 1996; Philip C. C. Huang, *Code, Custom, and Legal Practice in China: The Qing and the Republic Compared*, Stanford University Press, 2001; Thomas Buoye, *Manslaughter, Markets, and Moral Economy: Violent Disputes over Property Rights in Eighteenth - Century China*, Cambridge University Press, 2000; Madeleine Zelin, *Merchants of Zigong: Industrial Entrepreneurship in Early Modern China*, New York: Columbia University Press, 2006; Teemu Ruskola, *Legal Orientalism: China, the United States, and the Making of Modern Law*, Harvard University Press, 2013; Matthew H. Sommer, *Polyandry and Wife - Selling in Qing Dynasty China: Survival Strategies and Judicial Interventions*, Stanford: Stanford University Press, 2015; Taisu Zhang, *The Laws and Economics of Confucianism: Kinship and Property in Preindustrial China and England*, Cambridge University Press, 2017。

② Philip C. C. Huang, Theory and the Study of Modern Chinese History: Four Traps and a Question, *Modern China*, Vol. 24, No. 2(1998), pp. 183 - 208.

这种由重罪犯人(多是死刑犯)呈请法国王室减罪的书信,其本质上都是为当事人犯罪行为寻找借口和减刑的理由,所以其内容的真实客观性程度可能是档案文献中最低的一种。但戴维斯并没因此放弃这种材料,也不是纠缠于赦罪书内容是否真实,而是"将计就计",通过分析赦罪书中的故事表述结构和背景,揭示了16世纪法国不同社会阶层如何理解犯罪行为和动机的合理性,以及讲述者和预期听众之间的关系如何影响了故事的讲述方式和内容。这些赦罪书还对研究16世纪法国社会和司法制度状况以及妇女生活和地位提供了宝贵信息。①

同样,19世纪初至20世纪上半期,西方国家涌现了大量关于中国酷刑的文字报道和水彩画、明信片和照片等视觉艺术材料。这些资料曾长期被视为中国社会和法律制度野蛮残酷的证据。笔者《帝国眼中的法律》一书对这些"原始资料"进行了新的研究。其目的并非简单指责它们是西方殖民帝国"东方主义"或种族主义心态的产物,而是分析了这些文字和图像资料如何见证并催生了一个西方人在谈论和想象中国法律和社会的"情感共同体"(emotional community),以及西方近代的"感性自由主义"(sentimental liberalism)如何在此过程中成为殖民主义帝国的一个重要的意识形态(ideology),即笔者所称的"感性帝国主义"(sentimental imperialism)。这种看似粗制滥造且带有明显偏见的材料由此获得了新的价值,并揭示了权威的官方档案资料所无法揭示的重要历史问题。②

具体回到清代法律史研究领域,本文对史料的性质、收集、挖掘和分析等方面所做的探讨,可以给利用清代司法档案和其他相关法律史料(如孔府档案和徽州民间文书等)带来不同的研究问题意识和路径。比如,现存州县衙门不同类型的档案资料,可以用于研究地方社会的人际关系网络和权力结构,民间经济或商贸活动的规模和模式(包括作

① Natalie Z. Davis, *Fiction in the Archives Pardon Tales and Their Tellers in Sixteenth-Century France*, Stanford University Press, 1990.

② Li Chen, *Chinese Law in Imperial Eyes: Sovereignty, Justice, and Transcultural Politics*, Columbia University Press, 2015.

为微观史或微观全球史的案例来研究)，社会不同阶层的法律意识和对司法制度与功能的理解，鲜为人知的司法文化或司法政治的运行逻辑，被档案保存下来或被档案抑制了的女性声音和体验或者女性的法律或历史主体性，离经叛道但又在一定范围内流行的民间宗教信仰或风俗习惯，法律和法律知识在儒家文化和政治传统中的现实意义和象征意义(笔者正在撰写的关于清代法律专业人士的书稿即分析了此问题)，滥讼与压讼这两种话语体系间的因果关系及其隐含的政治和文化意义，以及国家权力机器在基层社会中的体现或缺失(及其替代机制)等。当然，每个研究项目在论点和分析上的创新程度和学术价值，还取决于具体研究者的问题意识、史学理论素养以及实际操作中的领悟力和执行力。

《法律和社会科学》(2018)
第17卷第1辑,第42~61页

外国法律史研究的“骨髓”与“皮囊”

田　雷*

一、“骨髓”与“皮囊”新说

对于“骨髓”与“皮囊”之说,我们都很熟悉,知道此说最早出自刘南平博士。他在《法学博士论文的“骨髓”和“皮囊”》一文中,以自己在耶鲁法学院撰写博士论文的经验现身说法,甘冒“法学界同仁的非议甚至责难”,直陈“我国法学研究之流弊”,期待着他的批评有朝一日——“或许会从根本上改变我国现行法学博士论文的研究和撰写模式”,甚至“可能会间接地影响我国法学研究的一般方法”。[①] 虽然此文发表后不久,刘博士即弃学从商,但他当年以局外人之身份兼旁观者之视角所发的这一番议论,自此后却在“我国法学研究”这个场域内留下有目共睹的切实影响,至今仍出现在研究生训练的常备文献之列,足见此文生命力之所在。

---

* 华东师范大学法学院教授。

① 刘南平:《法学博士论文的“骨髓”和“皮囊”——兼论我国法学研究之流弊》,载《中外法学》2000年第1期。

按照刘博士的说法,“骨髓”是指论文的命题,写博士论文必须要有命题,所谓命题,“应该是贯穿整个博士论文的中心论点,是你试图在论文中探讨或论证的一个基本问题或基本观点”。同时,“皮囊”也是一个比喻,是指论文的注释,“论文的注释决不是一个包装问题而被视为可有可无,它的功用就如同人体的‘皮囊’较之于‘骨髓’一样,是一篇学术论文‘命题’或‘内涵’的有机外延。没有注释,这篇论文就显得不充实,不丰满”。要理解骨髓和皮囊说何以有振聋发聩之效,就要知晓这种批评乃针对当年流弊的有的放矢。世纪之交的法学界,充斥着大而全、教科书体例的学术论文写作模式,正是这种流弊让刘博士拍案而起。

2010年,刘博士宏论发表十年之后,清华大学法学院的赵晓力教授在本院开学典礼的致辞中又一次拿起“骨髓”和“皮囊”的比喻,给出了一个不合时宜的判断:如今的法学论文,“皮囊”都有了,但仍缺“骨髓”。因为现在的学术写作是“用文献生产文献”,所以博士论文最不缺的就是一幅披着学术规范外衣的“皮囊”。但问题在于,作为“骨髓”的论文命题,却在这种“用论文生产论文”的学术模式下,成为闭门造车的产物。晓力教授有一段话说得透彻,“看多了,笔者发现很多论文都和一个庞大的数据库有密切的关系:中国期刊网。它们的命题从哪儿来?中国期刊网;它们的资料从哪儿来?中国期刊网;然后它最好的归宿也是中国期刊网”。一如既往,晓力教授在不动声色之间一刀致命,他用“平庸”概括了这些“扑面而来一股再生塑料的气味”的论文。①

这里借助刘博士这篇战斗檄文至今不息的影响力,提出“骨髓”与“皮囊”的新说,在外国法律史研究这一领域内发挥一下“余热”。不需拐弯抹角,既然是新说,那就并不照搬刘博士对“骨髓”和“皮囊”的定义;既然是下沉到外国法律史这个具体领域来展开,笔者也稍微限缩下这一对范畴。所谓外国法律史研究的“骨髓”,不仅是指外法史论文的

① 赵晓力:《2010年清华大学法学院开学典礼上的致辞》,见网络。

写作要有“命题”,而且要求这个命题之提出要有中国问题意识;而“皮囊”,也不只是论文的“注释”,而是要思考我们研究外国法律史是不是要有“档案”之自觉,外法史学者能否像中法史学者那样——比如说,从诉讼档案出发。① 如果我们现在还只是用几篇似是而非的外文文献来装点论文的门面,这种通过“拿来主义”而移植再生的“骨髓”和“皮囊”,是否已经成为一种在外法史领域随处可见的新流弊?如果不是危言耸听,那么新的出路又在何方?

二、碎片化:外国法律史研究的状况

笔者不是法律史研究出身,专业在宪法学,尤其集中在美国宪法研究,也做了不少翻译的笨活。回想起来,笔者刚开始接触到美国宪法时,正赶上宪法学界热议“宪法司法化”的当口儿,导师在课堂上告诉我们,明年就是司法审查第一案“马伯里诉麦迪逊”判决的两百周年,感觉空气里都是司法审查的味道,所以笔者翻译的第一本美国宪法书,在2006年出版,非常典型的以最高法院为中心来组织美国宪法叙述的路数。② 如果说个人的研究有什么变化,那就是在2010年前后转入宪法史的研究,而且研究越深入,聚焦的时段越向前移。最近几年,写作基本上集中在从1776年至1865年这近九十年的事,在美国宪法史的分期中,这段自建国到内战的历史被定义为美国早期宪法史。

为什么个人的研究会发生这种转变,当然是多种原因共同促成的,其中大多数说出来也没有任何示范意义,但笔者将这种研究美国宪法的路径转变理解为一种进步。而且,法学界对外国法的研究整体上也有一种“历史转向”,这种外国法研究的历史转向,至少折射出中国法学研究者在心态上发生了某种积极有为的变化:从向西方学习,寻找变

① [美]黄宗智、尤陈俊主编:《从诉讼档案出发:中国的法律、社会与文化》,法律出版社2009年版。

② [美]阿奇博尔德·考克斯:《法院与宪法》,田雷译,北京大学出版社2006年版。

法之药方的“拿来主义”心态，转变到至少暂时悬置改革心态，追溯西方法制之历史源流的学者立场。在此背景下，外法史研究在当下应当担当起中国的“批判法学”：“它所开启的是一个以历史来批判理论的学术过程。在一个又一个细致入微的案例研究中，历史的深描揭示出了法律的复杂及其发展过程中的开放性。”简言之，外法史的研究应当赠予固守改革和变法心态的法学者，成为让他们“解咒”的那件“陈年风褛”。[①]

外国法律史，无论是作为一门教学的课程，还是一个研究的学科，都似乎在不可避免地被边缘化。在法学院内部，它既没有民商法那样实用，被学生认为富有多金，也不及法理宪法那般崇高，能吸引追逐高大上思维的学术青年，如果这是外法史向来的宿命，那么近年来这个学科又遭遇到新问题，在倡导中国学术主体性的今天，如何摆正外国法律史作为研究对象的位置，也已成为一个棘手的学术难题。[②] 但这并不是外法史研究的外患，而是也只能是内忧。

前段时间，笔者完成了一篇以“美国劳动法”为题的论文，文章原本不在写作计划内，修改的过程也尤其辛苦，因为一不小心踏入不熟悉的劳动法领域，心里颇为忐忑不安，所幸发表后至少没有收获恶评。这篇文章的题目是《契约抑或身份？——劳动法在20世纪美国的兴起和衰落》。[③] 此文的写作，尽可能地穷尽了国内目前对于美国劳动法的探讨，其实也算不上多，格外留意到一篇很新的论文《论美国法上的“禁止报复性解雇”规则》。[④] 这是因为第一作者是笔者多年前曾教过的一名本科生，现在正在以“美国劳动合同法”为题写作博士论文。在此将两篇文章放在一起，不是为了要排出个座次，而是想让诸位思考一个问

---

① 田雷：《第二次的相逢：论外国法研究的历史转向及其中国问题意识》，载《探索与争鸣》2017年第4期。

② 参见何勤华：《外法史年会：三十而立、负重前行——在全国外国法制史研究会第30届年会开幕式上的讲话》，“雅理读书”公众号2017年9月19日推送。

③ 田雷：《契约抑或身份？——劳动法在20世纪美国的兴起与衰落》，载《开放时代》2017年第6期。

④ 韩旭、齐延平：《论美国法上的“禁止报复性解雇”规则》，载《华东政法大学学报》2017年第2期。

题,我们现在对外国法的研究是不是走入了一个以小为美的误区,尤其是在对博士生的训练上,小题大做似乎成为博士论文选题的通例,好像要让学术论文有一副好"皮囊",第一步就是选择一个尽可能小的题目,反过来说,任何稍微大一点的题目,都会被认为非年轻学者力所能及。于是乎,最近经常遇到一种琢磨起来相当尴尬的状况:不同场合遇到一些外国法律史的博士生,聊聊他们的学位论文当然是让场面活络起来的不二法门,但得到的回答却时常令人不知所措,有时候即便是研究美国法律史甚至宪法史的博士生,也听不明白他的论文到底是在研究些什么。经常出现的情形是,一位博士生可以聚焦在他的研究题目上讲个滔滔不绝,但只要超出这个狭小的题目,马上就语焉不详。如果把一项研究比作一座房屋,他熟悉这屋子的一砖一瓦,却不知道这个屋子位于何处,说得简单些,就是知其然却不知其所以然。

前两年,笔者参与翻译了一本书,是对多位法学理论大师的访谈录,其中一个片段令笔者印象深刻。在访问波斯纳时,访谈者这样抛出问题:"人们在自己的小鸽子笼里做自己的那点事……法律经济学者可能在系里隔壁办公室就是一个女性主义理论家,但他们之间不会发生冲突。女性主义理论家们去参加女性主义研讨会,法律经济学者去开他们自己的会。没有任何交流。"①这大概就解释了前面讲的那种尴尬,因为我们都是在"自己的小鸽子笼"里做研究,不关心——甚至有时会以学术规范为由拒绝关心——更广阔的天空。于是,一幕学术场景经常映入眼帘,我们开始学会熟视无睹,在一次又一次学术研讨会上,评议人经常上来就是这么一句,"笔者不是这个问题的专家,因此……"为了追求一副"皮囊",我们放任自己成为小鸽子笼里的专家。

学者选择何种题目做研究,是学者的自由,更何况,博士生选择什么题目来度过也许是一生读书最多的三四年,很多时候不得不听命于外力的指引,就此而言,个体学者的路径选择,外人无可厚非。但问题是,至少在外国法律史研究这个领域内,单个研究相互叠加,造成的是

① [美]詹姆斯·哈克尼编:《非凡的时光:重返美国法学的巅峰时代》,榆风译,北京大学出版社2016年版,第76页。

整个领域的碎片化,看似“满天星斗”,却无法连成一面,而这恰恰是外法史乃至整个西学研究所要尽力避免的局面。研究外在于我们生活经验的异域文化,就如同在一片漆黑的大海上航行,除了目光所及之外,皆是黑暗,除了我们所知的,我们一无所知,这一前提同我们做本土研究是大不一样的,没有哪个西学研究者在新手上路时是手持完整航海图,对整个行程了然于胸的,我们只能在经年累月的研究过程中如拼图一样拼出自己的航海图。正因如此,研究外国法律史最好不要讲什么数十年如一日,在一棵树上的结局只有吊死,古人的智慧足以让我们警觉,在小鸽子笼里做研究,其实就是“盲人摸象”。人人都在摸象,就只能造成整个领域的支离破碎,所以我们才有这样的经验:都是做外法史研究的,甚至同为研究某个国家的或某个国家某个历史时段的,说的再严峻点,同为研究美国最高法院的,同是一届博士生,我们彼此之间却无法进行深度的学术交流。

既然碎片化是个问题,在以外在的异域文化为研究对象的西学中,更是不得不防,那就有必要追问造成这种状况的原因。首先当然是上述的以小为美的学术风气,如果说有错误,那就错在我们只顾追求“皮囊”,把某种“皮囊”误视为检验研究的唯一标准。还有两个原因与之相关,但应予分别交代。一个是我们自觉或不自觉地追求“显微镜”视角。在研究美国法时,两位作家影响了整整一代人,其程度之深远大大超出专业学者,笔者是指林达多卷本“近距离看美国”系列,以及刘瑜观察美国政治的随笔集《民主的细节》。[①] 应当思考,为什么“近距离”和“细节”成为打动人心、抓人眼球的卖点,恐怕还是离不开我们前一辈文人向西方取经的立场和姿态,因为将求取真经当作观察并记录西方的出发点,所以就务求取景镜头越近越好,远距离只能隔岸观火,只有人到西方才能求得真经。任何一种镜头背后都隐藏着观察者的取景,而取景也就意味着对镜头以外的风景的屏蔽,若是就此而言,我们理解外国法律制度

① 林达系列有四本,分别是《历史深处的忧虑》《总统是靠不住的》《我也有一个梦想》《如彗星划过夜空》,由生活·读书·新知三联书店出版;刘瑜的《民主的细节:当代美国政治观察随笔》2009 年由上海三联书店出版。

和文化,恰恰要警惕这种看似客观且真诚的路数,越是追求近距离,越是聚焦于细节,讲述者就拥有越大的裁量空间和权力,如果一味盲信这种近距离看到的美国故事,那就是只见树木,而不见森林。①

还有一个主要存在于专业领域的原因:在研究外国法时,我们与研究对象之间的"时差"越来越短促了,因此缺失了必要的视野纵深。不需追溯太远,就在笔者刚读研究生的那会儿,国内研究美国法的"瓶颈"就是资料稀缺,直到2005年去香港读书,还帮当时一位在浙江大学法学院读博士的朋友下载了一批英文文献,当时国内高校还没有购买Heinonline这样的数据库。但没有几年光景,一切都变了,现在的问题不是缺资料,而是资料太过庞杂了。2015年美国最高法院做出同性婚姻的判决,②让笔者感慨颇多,我们研究美国法似乎已经抹平了"时差",判决作出一两日内,该案的五个判词就有了质量过得去的中译本,在朋友圈内刷屏一时。这是好事,但也要反思,现在的状况似乎成了美国最高法院出个什么新闻,我们比西方记者跑得还要快,但问来问去的问题都too simple,sometimes naive! 不客气地说,某些外国法研究越来越靠近娱乐新闻写作了。英文中的frontier,既是指"前沿",也包括了"边疆"或"末梢"之意,但现在追求前沿的研究却变成了在细枝末节上的炫技。这也关联着另一个值得深思的问题,时至今日,到底是什么在控制我们做外国法的研究议程以及阅读清单?如果说信息稀缺时,我们尚可静下心来读书,也因为能读的材料很有限,一代学子并不难形成共享的知识体系和研究议题,那么在现在信息可以被私人定制和分群体推送的时代,笔者怀疑下一代的外国法研究者会不会放弃深度阅读,而放任自己在"法影斑斓""雅理读书"或者赵丹喵的公众号中寻找研究题目和思绪灵感,但愿笔者不是杞人忧天。③

任何一个成熟的研究领域(field),都可以被想象成一种同心圆的

---

① 田雷:《揭开美国最高法院的面纱》,载《红旗文稿》2016年第10期。

② Obergefell v. Hodges, 576 U. S. ___ (2015).

③ 笔者并不是批评这些公众号,而是担忧学术信息传播方式的变革会改变学术生态。

结构:位居最核心的是本领域所共享的原生问题和经典文献,由此向外做波浪式的扩散,次第排列着本领域的枝干问题和枝叶问题。如果缺乏对一个领域之原生根基问题的把握,只是一味地游走在“前沿”,其实就是在做无根基的离散研究。没有共同的问题意识和文献目录,一个领域很难称其为领域,在这样碎片化的领域内耕耘,产出的研究就是断裂的,也就是说,这样的研究只能聚焦于某个具体问题,却无法回溯至本领域内的原生或根基问题。不夸张地说,这样的研究再多,也很难谈上有效的积累,这样的研究领域的增长方式是粗放型的,而不是集约型的。

三、“有中国特色的美国宪法史领域”

数年前的一次机缘,笔者向王希老师发出邀请,在他的名著《原则与妥协》第三版即将出版之际,聊一聊这些年在中美两地讲授美国宪法史的体会。不久后,王老师如约按时发来一篇用心之作,题名就是《我如何教“美国宪法史”》。文中的一句话令笔者印象深刻:“近二十年来,国内的美国史研究发展很快,出现了一大批优秀的中青年学者,专著方面的成果也不断涌现,但在宪法史研究的领域内学术积累尚不够,严肃的、基于材料基础上的原创性研究很少,还不能支撑一个具有中国特色的美国宪法史领域的存在。”[①]说者有意,听者也不能无心,值得琢磨的是王希老师所提出的“有中国特色的美国宪法史领域”。

中国学者研究美国宪法史,是不是要有中国特色或者说中国问题意识,这个问题并不难回答,难的从来都是怎么做!如果说中国特色不是必需的,甚至是个包袱,那么我们就不用做自己的研究了,大家伙儿一起搞搞翻译就得了——很显然,我们在研究美国宪法史时无法抛开美国本土学者的研究,但又不能照搬照抄,不应鹦鹉学舌,不是说学得

① 王希:《我如何教“美国宪法史”》,载强世功主编:《政治与法律评论》(第5辑),法律出版社2014年版。

越像的就是越好的研究。但这里的"中国特色"到底是什么?王希老师虽然没有下定义,但还是透露出自己的基本想法,就是年青一代要做"严肃的、基于材料基础上的原创性研究"。笔者在这里也不下定义,道理很简单,什么是美国宪法史研究的中国特色,想来不可能是我们事前规定、然后按部就班加以落实的计划内研究,而一定是我们在接下来相当长的一段时期内做了些什么具体的研究,这些研究又呈现出什么样的风格和做派。简言之,"中国特色",不是我们说出来的,而是我们做出来的。设想再过 20 年,我们有机会做一个阶段性的总结,中国特色到底是什么,才能在一个又一个具体的研究中体现出来。而我们现在,也是在学术的市场内摸着石头过河。

既然中国特色是必须有的,不可能没有,同时又是不可说的,没有学术先知,那么我们现在能做什么?我们现在不妨畅想,外国法律史的研究能不能形成中国自己的学派,比方说扎根于某个学校的"某某学派"?我们眼下也许无法奢望百家争鸣,但无论如何,必须让一部分人在学术上先做起来!只有形成学派,才可能解决我之前所说的研究碎化和断裂的问题,因为学派能否炼成,就在于一部分学者通过代际传承,逐步形成共有的基础问题、共同的学术立场和路径,也有共享的理论文献和档案材料,只有在此基础上开枝散叶,具体的研究才能重返所在领域的基础问题,才能形成有效的学术积累。今时今日,外法史研究如要逆流而上,也许就要通过学派之炼成在法学割据版图内求得边缘性的存在,最终星星之火可以燎原,这也就意味着学派可以根自某个机构甚至某个人,但其展开却必定要串联起来,始于扎根但不能终于扎堆,要形成有等差的、兼容并蓄的学术网络或共同体。

在这个问题上,推荐阅读一下耶鲁法学院阿玛教授的一篇文章:《美国宪法与耶鲁的宪法解释学派》(*The Yale School of Constitutional Interpretation*),[①]从阿玛对耶鲁学派的如数家珍,我们至少可以看出两点:首先,学派之形成需要时间,无代际传承不足以炼成学派,因此我们

① Akhil Reed Amar, America's Constitution and the Yale School of Constitutional Interpretation, *Yale Law Journal*, vol. 115, 1997(2006).

要有足够的耐心，不可能指望年度考核来催生学派；其次，学派，尤其是理论导向的法史研究，必须要有代表作，虽然不排斥论文，但往往要有厚重的专著，要有十年乃至更长时间之后还绕不过去的代表作，由这些代表作构成核心文献，让后来进入这一领域的年轻人可以瞻前以顾后，并且在这一过程中“左顾右盼”，形成持续并且深入的学术交流。学派不是一天建成的，铁打的学派，流水的学者，但年轻的博士生如果在学术上生逢某个学派兴起，那么他就可以站在前辈的肩膀上展开自己的研究，学术研究就不再是鸽子笼里的自赏，而是一场接力赛，每一项研究可能看起来仍然细致入微，但不同的是，聚焦于小题的研究也能回溯至本领域的基础问题，唯其如此，才能成就大作。

在具体操作上，从小题入手，并不意味着研究者只能站在针尖上跳舞。好的法史作品一定要讲求叙事有策略，应当有曲径通幽从而别有洞天的组织意识，平铺直叙很难把故事讲得精彩，往往也是在拧干历史，高明的写作者一定要胸有沟壑，要让读者时时有柳暗花明的阅读体验。如尤陈俊教授所言，研究者必须区分问题（question）、话题（problem）和命题（issue）[①]：命题是相对于一个领域现有的学术文献而言的，对于写作博士论文的年轻人来说，命题宜小但也可大，因能力而异；而问题则指向一项研究所关注的社会实践本身，至少在现阶段，笔者认为，外法史的博士论文选题应扩展时间之跨度，在长时段的时空坐标系中去讲述也许只是微小的某项制度实践的源与流。换言之，如果我们把“小题”最终理解为只能在法史研究中做小历史，而小的标准就是尽可能限缩时间跨度，那这是对小题的最大误解。当然，大历史也不是说时段越长就越好，毋宁说，讲述者应意识到历史就其本身来说是连绵不断的，我们必须在自己所涉的历史分期内把故事贯通起来。严格说来，法律史研究不是一门社会科学，大历史不是形于外的，不是蜻蜓点水地游走于上下五千年，然后从后果推断前因或者从前因判定后果；而是更注意内在的绵延，历史之道往往是言不尽意的，如果真有道理可

① 尤陈俊：《作为问题的“问题意识”——从法学论文写作中的命题缺失现象切入》，载《探索与争鸣》2017年第5期。

言,那也存在于历史本身的来龙去脉和起承转合之间。简言之,切莫把历史讲成一张又一张的 PPT,两千年前的古人懂得“通古今之变”,笔者将这个“通”字理解为贯通,关键就在于把历史进程中牵一发而动全身的脉络给讲清楚,即便千里之外,也要把浮脉给勾勒出来。如此说来,大历史的关键不必纠结于时间之跨度,而要内有乾坤;不是简单呈现历史的切片和结论,而要尽力捕捉历史的绵延和复杂。

最终,用历史的方式讲述往昔,尽可能还原历史发生之情景,而不是把历史当作社会科学研究者的素材,不谋求一脑袋扎进材料里却立场和理论先行,历史就是过去发生的事情,今人切勿对之做现实化的处理,历史在社会科学追求因果之意义上的无用,也许才是最终的大用,这是当下外国法律史研究应当意识到的问题并且多加努力的方向。

四、美国早期宪法史研究的“语境论”

现在,让我们转向美国宪法史的研究。关于这个领域的现状,笔者个人认为很难令人满意:从外看车水马龙,但真正入门的研究并不多,有中国学派自觉的原创研究更是屈指可数。前面笔者讲到,外法史研究应在当代中国法学场域内承担起批判法学的角色,就是指回到历史现场批判并最终破除这些教条,意义不可谓不大。但在这里,重要的还是如何做,如何在宪法史研究中唤醒学者的时间感以及历史观,如何在胸怀全局的前提下谋一域。笔者下面以三项研究计划作为案例来做简要说明。

(一)美国银行案(1819 年)

第一项研究围绕美国最高法院在 1819 年判决的“麦卡洛克诉马里兰州”案,此案涉及美国国家银行的合宪性问题,也即根据 1787 年宪法，国会是否有权创设国家银行，因此又被称为“美国银行案”。[①] 在该案中，首席大法官约翰·马歇尔传达了代表全体大法官的意见书，判定国会创设国家银行乃合宪之举。此案是马歇尔执掌最高法院 34 年最重要的宪法判决，在笔者看来，也是整部美国史最重要的宪法案例（不用加之一）！不仅历史地位盖棺论定，马歇尔的意见也写得妙笔生花，“我们永远不应忘记，我们正在解释的是一部宪法”，是从教义学角度示范宪法解释方法的经典文本。但要让法史学者处理这个判例，那故事就不应从 1819 年开始讲。正如马歇尔自己在判词内所言，国会是否有权创设国家银行，“这很难被认为是一个未决的问题”（this can scarcely be considered as an open question），此话怎讲？为什么最高法院在 1819 年要终审判决的并不是新问题？马歇尔紧接着做出隐微的交代，只要拨开那层薄薄的修辞面纱，马歇尔的判词读起来就如同听爷爷讲那过去的故事：在制宪 30 年后，当联邦党早已风雨飘零，一位老党员劝诫新崛起的州权主义分子，不忘初心方得始终。前因后果，我们在此只能择其要者而略加交代。

话说 1791 年新联邦刚开始运转，财政部长汉密尔顿就拿出国家银行方案，也是因为要还是不要银行的分歧，麦迪逊和汉密尔顿从费城会议的亲密战友以及《联邦党人文集》的合作者走向决裂，此乃建国初宪法政治的一桩公案。当汉密尔顿的银行议案送至众议院，麦迪逊第一个站出来反对——新宪法墨迹未干，国会就要违宪而行，宪法之父自然不能坐视不理。而在国会最终通过银行法案后，华盛顿总统征求了内阁大员的意见，副总统杰斐逊、检察长埃德蒙·伦道夫、财政部长汉密尔顿均提交备忘录，其中杰斐逊和伦道夫持反对意见，但华盛顿还是签署了银行法案。故事到此远未结束，按照 1791 年的银行法案，国家银行在 1811 年期满，因国会拒绝续期而关门结业。到了 1815 年，国会又通过了一部新的银行法案，但为时任总统否决；一年后，国会在略作修改后重新通过银行法案，总统最终签署。而无论是

---

① McCulloch v. Maryland, 17 U.S. 316 (1819).

1815年否决,还是1816年签字的总统都是麦迪逊,那个在1791年依据宪法反对国家银行的众议员麦迪逊。经麦迪逊总统签署,国家银行(第二期)开始运转,而最高法院在1819年要判断的就是这一届银行的合宪性。美国银行在1819年之前的命运一波三折,这里再怎么概括都是言不尽意的,但至少我们可以明白,为什么马歇尔会直言这不是个新问题。

在马歇尔的笔下,1791年的银行法案生效前,议案曾在“公平且公开的辩论场”(the fair and open field of debate)——此处指国会,以及内阁得到充分辩论,无论正方还是反方,均不乏“同样可观的热情和能力”(equal zeal and ability),它所遭遇的阻击来自“立场坚定的天才”(as much persevering talent as any measure has ever experienced)——指麦迪逊和杰斐逊,而正方所拿出的“论证说服了这个国家引以为傲的最为纯正也最有见识的心灵”(arguments which convinced minds as pure and as intelligent as this country can boast)——意即汉密尔顿最终说服了华盛顿,只有在这之后,银行法案才成为法律(it became a law),行文到此,马歇尔不动声色地追忆了发生在1791年的往事。至于为什么麦迪逊在1815年否决,随即又在一年后签署新的银行法案,马歇尔是这样讲的,国家银行关门后,联邦政府旋即在1812年战争中陷入窘境,因此教训了“那些曾对银行之必要性最持偏见的人们”(those who were most prejudiced against the measure of its necessity)——当然是讲麦迪逊。马歇尔的这段判词,不着一字却尽得风流!

回头看,马歇尔这个老革命在1819年遇到的不是新问题;向前看,这一争议既然当初没有因华盛顿拍板而偃旗息鼓,当然也不可能指望一纸判决就定分止争。大法官不掌握钱袋子,也不指挥枪杆子,笔杆子在当时也没有——在宪法史上也从没有过——这种说了算的政治权威,至于你们经常听说的“大法官说了算”,各位听听也就算了。1819年之夏,当马歇尔在最高法院休庭后回到家乡弗吉尼亚,州权主义者请君入瓮,等待他的是一轮酝酿已久的口诛笔伐,马歇尔化名“宪法之友”,同以斯宾塞·荣恩为代表的州权派在政论报纸上展开了多轮论战。就连刚卸任总统的麦迪逊也应荣恩之邀,虽未公开发表评议,却在私人信件内阐释了他的立场以及理据,正是因此,麦迪逊 1819 年至 1821 年的信件尤其值得一读。故事到此也未终结,一直到 1832 年安德鲁·杰克逊执政期间,平民总统杰克逊否决了国会通过的银行续期法案,银行故事到 1836 年因授权期满才画上句号。

从 1791 年到 1836 年,在这长达 45 年的历史进程内,围绕着国家银行的政治争议始终是一个活着的宪法问题,它周期性地重新回到最高决策者的案头,成为宪法政治的风暴眼。如果要研究 1819 年的“美国银行案”,某位学者在单篇论文中可以选择就事论事地讨论这个案件,但其视野不可脱离这 45 年的宪法斗争史——不谋全局者,不足以谋一域。在这里,笔者向各位推荐一个研究选题,做一篇硕士论文至少是绰绰有余的,你们可以对照马歇尔 1819 年的判词和汉密尔顿在 1791 年写给华盛顿的论证书,如果你们愿意,还可以对比一下马歇尔在 1803 年“马伯里诉麦迪逊”案中的判词和汉密尔顿在《联邦党人文集》中的第 78 篇,做一篇马歇尔从汉密尔顿那里学到了什么的论文。这么做研究,其立意就是要把美国早期宪法史贯通起来。

(二)林肯总统第一次就职演说(1861 年)

接下来两项研究,多少有些如法炮制,只做简单的交代。我们知道,林肯总统的第一次就职演说,是美国宪法史上的经典文献,在内战一触即发的关头,新任总统向南方分裂分子发出一个不容置疑的宪法信号:根据 1787 年宪法,南方诸州无权退出联邦共同体。怎样阅读林肯的这篇演讲?一种路径是将它同林肯的其他论述放在一起来读,笔者在 2015 年翻译了一本林肯传记,出版时在传记之后又增补了林肯的六篇演讲,其中包括这篇演说,①我们可以把林肯贯通起来读,由林肯之所为来把握林肯之所是;另一种路径是将林肯同他的敌人并列在一起读,比如南部邦联的“独立宣言”,也可进一步向前追溯,将自杰斐逊 1798 年《肯塔基决议》开启的州权文献一网打尽,由此把握两种宪法路

① [美]詹姆斯·麦克弗森:《林肯传》,田雷译,中国政法大学出版社 2016 年版。

线数十年相爱相杀的历史,并追溯内在于建国宪法的根本冲突。这两种路径,至少在英文文献内已经是稀松平常的做法,笔者在这里沿用这种“语境论”的路径,提出一个很容易被忽略的历史线索,有心人可以按图索骥作一篇论文。

从林肯 1860 年 11 月当选总统,到次年 3 月宣誓就职,中间有长达 4 个月的候任期,在历史上被称为“脱离之冬”。候任期内,林肯蜗居在斯普林菲尔德的办公室内起草就职演说,手边始终摆放着从律所合伙人那里借来的三份文献,分别是:(1)马萨诸塞州参议员丹尼尔·韦伯斯特在 1830 年国会辩论中对南卡罗莱纳州参议员海因的答复;(2)杰克逊总统 1832 年年末对南卡罗莱纳州废止关税之抗争的宣言;(3)肯塔基州参议员亨利·克莱就“1850 年大妥协”所发表的演讲。林肯不是从天上掉下来的,从出生到死亡,他始终活在一个我们可以称为“早期宪法文化”的历史语境内,最终也以自己的生命终结了美国的早期宪法史。在阅读林肯 1861 年就职演说时,对勘林肯起草时所参考的三篇文献,不妨在纵横两个方向上继续扩展,横向上可以引入韦伯斯特与海因 1830 年在国会的大辩论,纵向上再收入贯穿南卡罗来纳州数十年抗争史中的州权文献,将这些文献互联成网,就可以再造出美国早期宪法史的文化世界。

既然讲到林肯,也捎带提一下他在葛底斯堡演说中讲的“民有、民治、民享”:“这个民有、民治、民享的政府(the government of the people, by the people, for the people)将永世长存”。林肯的“三民主义”曾主导了我们对于美国民主的认识和想象。但只要我们在早期宪法史的材料内做延伸阅读,就能发现“三民主义”的表述并不是林肯原创。就是在前面提到的“美国银行案”判词内,马歇尔就写道:“联邦的政府因此必定是人民的政府。无论在形式上还是究其实质,它来自人民。其权力为人民所授,运转也直达人民,最终服务于人民的利益。”在 1830 年的国会辩论中,韦伯斯特也曾怒怼过海因:“这是人民的宪法,人民的政府;为了人民而建立;由人民所建立;并且向人民负责。”这些论述当然曾出现在林肯的阅览室内,是他非常熟悉的建国文献。说“三民主义”并非林肯原创,并不是就能因此断定林肯引用不当——政治家没有义务恪尽学者的规范,而是由此可以看到,在美国建国宪法秩序内,“民有、民治、民享”所指的并不是我们现在讲的民主政体问题,它所要追问并且证成的是,“我们人民”作为美国宪法的制定者,是在全联邦范围内统一存在的单数政治实体,而不是州权分子主张的,人民是以一州为界限组织起来的杂多复数。也许可以这么说,这是关乎主权之所在的国体之争,而非我们通常理解的作为政体的民主。

(三)宪法之父麦迪逊

这是笔者目前正在做的研究。麦迪逊是1787年宪法之父,在宪法批准运动中,同汉密尔顿合作了《联邦党人文集》,后来在杰斐逊执政的八年(1801~1809年)中做国务卿,从1809年开始自己也做了八年总统。建国史学家雷克夫将“费城会议”称为“麦迪逊的时刻”,①哈佛法学院费德曼教授在新著中这样写道:如果美国宪制有它的物理学,那麦迪逊就是牛顿或爱因斯坦。② 可以肯定地讲,不去读麦迪逊,我们对美国宪法就是不得其门而入的。关于麦迪逊的研究虽然比比皆是,但往往没有认真思考一个问题,说出来其实相当不应该,因为这是麦迪逊人生最基本的情况:麦迪逊活得特别长。生于1751年,1836年谢世,走过了85个春秋,从1828年起,麦迪逊就是仅存的费城宪法会议代表——别的人都死了,他还活着。走到人生边上,麦迪逊曾在1831年写信感叹自己的漫长人生:“在活过了如此众多的同代人之后,我不应忘记,我可能被认为比我自己活得还要长(outlive myself)。”

于是问题就来了,我们现在研究麦迪逊,所用材料往往就是《联邦党人文集》里的若干篇,在不否认这些篇目经典地位的前提下,我们只需要思考一个问题:麦迪逊写作《联邦党人文集》是在1787年至1788年,那时的他只有36岁,如果我们只是根据《联邦党人文集》来认识麦

---

① Jack Rakove, *Original Meanings: Politics and Ideas in the Making of the Constitution*, Knopf, 1996.

② Noah Feldman, *The Three Lives of James Madison: Genius, Partisan, President*, Random House, 2017.

迪逊,那就是用他刚过而立之年的论述来概括他长达 60 年的政治人生,这当然就是断章取义! 同样的道理,林肯活到 56 岁,我们也不能拿林肯 35 岁时的言与行来给他下判断,那时的林肯不过是美国西部州新手上路的律师而已;刘邦活到了 61 岁,35 岁那年正逢秦吞并六国统一四海,结束自己前半生的游侠生活回乡做了个亭长,要是我们为刘邦写传记,当然不能仅仅写成一部“我在泗水亭做亭长的日子”。对麦迪逊的研究同样如此,我们必须从整体上把握麦迪逊“活久见”的政治人生,从他多变的政治节奏中抓住不变的基调,而这个不变的恰恰就是美国建国宪法秩序的根本。

以上所举三个例子可以说是异曲同工,都意在示范美国宪法史研究的一种新路径:面对我们的研究对象,首先要形成学者的时间感和历史观,要在史料基础上构建起对所关注领域的全景认识,由此搭建起往昔的生活世界和意义系统,在这个坐标系内,具体研究的题目才能得到各就各位的安放。反之,缺乏这种认知往昔的坐标系,任何聚其一点的研究,即便可美其名曰为深描,最终可能都只是盲人摸象。如前所言,在一个树上的结局大概只能是自己把自己吊死。笔者这几年之所以专攻美国早期宪法史,一个原因就是这段从建国到内战的历史构成了一个完整的规范意义上的系统,观察这一历史时期的政治冲突、斗争、妥协、决断,我们可以看得相当真切,一种以建国者所立宪法为规范的政治秩序是如何在时间进程中得以形成的。当然,读这段历时“八十七年”的历史,建国者人来人往,宪法争议“一波还未平息,一波又来侵袭”,对于研究者来说,这种“原来你也在这里”的历史彩蛋为我们提供了取之不尽的故事素材,这一点也相当重要。

当然,初学者涉足某一领域,如何在认知上形成可安放相应历史时空的意义编码系统? 若是要强调在全局观的支撑下才能进行聚焦一域的深度研究,这是否意味着在没有完整的史观之前,具体的研究都要暂时搁置呢? 显然不可能这样,从认知发生的机制上看,反而是不同子领域的互联构成了作为整体的全局,也正因此,落实到个体学者的具体研究上来,永远只能如苏力教授所言,“不是划得漂亮,而是向前划”。[①] 说到底，前面提到的学派就再次发挥作用了，代与代之间的理论传承可以让新入门者不再是盲人骑瞎马，而是有了一幅向前走的知识地图。

还有一个相关问题要加以交代。我们研究外法史，之前主要靠阅读来自相应国家之权威学者前沿研究的学术论著，既然要追求研究上的接轨，学术文献确实是新好于旧，至少到现在，外法史研究并未形成重视第一手传世材料的传统，即便有学者在论文脚注内会标注三五篇传世材料，往往都是装点门面，很可能只是来自外文学术著作的“转引”。曾几何时，研究美国制宪史，一部《联邦党人文集》，甚至是熟读其中三五篇，就可以包打天下。但如麦迪逊一生多变的政治求索所折射，美国立宪绝不是毕其功于费城一役的，而是发生在从建国到内战这个“漫长建国时刻”的，因此要收集体现立宪者之原旨的建国文献（founding documents），并不能只局促在1787年前后，而要自觉地一方面上溯至1776年，另一方面下探至1865年。这些形成于漫长建国时刻之宪法斗争的“建国文献”，就是做美国宪法史研究的“档案”。这些作为档案而存在的建国文献，应当为我们时常阅读，也要训练学生去学着读，对于我们这些域外的研究者来说，它们是常读常新的，每一次阅读可能就是发现下一个研究题目的过程。当然，“建国文献”虽然跨越近九十年，现在汇编这些文献，应当求全不求新，不是说哪个图书馆又整理出一批新的建国史料，我们就要跟上去，对于中国学者来说，美国宪法史始终是作为外法史而存在的，我们要做的是尽快形成早期宪法史领域内最核心的文献篇目，凡是进入本领域的研究者，其基本训练就是要对这些核心文本进行一种“通识”阅读和研究。也正因此，这些建国文献档案并不是多多益善，也就以40篇到50篇为宜，大概是两部《联邦党人文集》的篇幅。我们在初步形成对早期宪法史的认识框架之后，开始研读这些建国文献，尤其注重不同篇目之间所存在的即时以及跨代的对话关系，用作为档案的政治原论来填充由阅读外文研究所

---

① 苏力：《大国宪制：历史中国的制度构成》，北京大学出版社2018年版，第6页。

形成的历史框架,一段宪法史才能鲜活起来,我们才能真正像历史研究者那样去研究外国的宪法史。

五、并非多余的交代

这些交代,笔者希望并不是多余的。如果外国法律史确实在外患内忧的挤压下越来越边缘,那么外法史的研究者,尤其是新入行的年轻人,大概从一开始就要学会如何生活在边缘。以下三点,都是笔者个人的想法,与其说为谁量身打造的学界生存指南,不如说是笔者立此存照。

首先,外法史研究者的学术代际更短促。至少现阶段来看,研究外国法律史主要还是纸面和笔头功夫,看重研究者的外文能力,同中国法的本土研究相比,它并不一定要求人生的历练和经验。只要研究者脑子还算好使,读书肯下功夫,在写作上不敷衍了事,在书斋里一心只读外文书,也能做出好的成果。做中国法研究就没有这么简单,好的作品离不开自己的"田野"。正因为在能力要求上相对简单并且单纯,外法史学者可能在读博期间就能做出成熟的研究。这其实是个很残酷的判断,若是这个判断为真,那么就意味着一位外法史研究者若不能在30岁左右做出代表性的成果,在属于自己的代际内找到安身立命的位置,那么他可能很快就被后浪拍在沙滩上,后来人的语言能力比我们不知道高到哪里去了,因此掌握材料更多,对理论文献也更敏感,所以以外法史研究为业的,都要有时不我待的紧迫感。

其次,做外法史研究,从入门到达到及格乃至良好的水平线上,也许可以轻松跨越,难的是如何从良好做到优秀。读外法史文章,特别差的不太好找了,但特别好的也是屈指可数,普遍的平庸是我们这个领域的现状。为什么是这样呢?在评阅外法史领域的学位论文时,笔者发现了一点线索。你去看这些年轻博士甚至硕士的文章,"皮囊"都很鲜亮,正文后面的参考文献列举着最新最全的研究,但短板是,怎么把这些域外的学术成果和档案材料恰当地运用在自己的文章中，他们的手法却很笨拙。就好像一场排球比赛，一传接得很棒，二传也勉勉强强，而最后的扣杀却软绵无力，甚至直接出界，无法得分。如何尽快走出这种普遍平庸的现状，至少让一部分研究生先优秀起来，是外法史研究谋求出路和空间的策略。

最后，据说外法史文章发表难，因为文章的引证率上不去，所以法学核心期刊留给外法史的版面也极吝啬，因此形成一种恶性循环。但在外法史的研究中，真要把故事讲好，文章就需要充裕的篇幅来容纳故事的起承转合，刻画人物的喜怒哀乐，真要做研究，至少在笔者看来，低于一万字的外法史论文都是不足观的。现状既然如此残酷，外法史学者不妨学着洒脱些，摆脱为核心期刊编辑而写作的心态，在写作时心里想着并装着读者，追求自己作品的阅读体验和品质。无论论文在学术评价体制内多么一头独大，外法史的研究者都不要忘记写书，在书中要学会讲故事。

《法律和社会科学》(2018)
第17卷第1辑,第62~82页

诉讼人口比与清代诉讼实态

——以巴县为例

黄艺卉*

摘　要:诉讼数量与相应人口数据的比值,为把握诉讼实态和探讨诉讼风气的影响因素提供了新线索。以清代巴县为例,1812~1908年的诉讼人口比变化,表明巴县的诉讼规模在清代中期逐渐走向最大值,后又渐渐回落。人口增长和移民的涌入,都不必然引起诉讼规模的扩张,它们作用在诉讼风气上的推力可能会被其他影响因素所消解,其中包括州县官的息讼策略。诉讼人口比的降低,证明了这些策略的积极效果,但也表明了它们的作用十分有限。

关键词:清代巴县;诉讼风气;诉讼人口

一、问题的提出

古代社会的诉讼实态是理解中国传统法文化的

* 中山大学法学院法学理论专业2015级博士生。

重要切入点之一。[1] 但是,对于如何判断一个社会究竟是“诉讼社会”还是“无讼社会”,学界尚未形成一致的答案,这正是相关争论长久不休的主要症结所在。

学界采纳的评价依据大体上可以分为两类。首先,在诉讼文书、官箴书、地方志乃至诗词等各类文献中,不乏有关诉讼风气的笼统评述,这是最直接的定性依据。侯欣一以“健讼”和“寡讼”为关键词,考察了150多种地方志,发现健讼地区总体上远多于寡讼地区,他于是断言道,整个社会都已经被卷入诉讼的旋涡。[2] 但是,官方话语不可尽信,其中原因有二。

第一,官员在描述当地诉讼风气时,都可能不自觉地夸大实情。即使相较于同步扩大的社会规模而言,彼时的诉讼增长幅度尚在可预期的范围内,记载中同样可能存在夸大的现象,州县官的笔下尤其如此。州县官作为诉讼的直接处理人,诉讼数量的增长于他们而言是绝对的,更何况,随着社会规模扩大而增加的工作不是只有理讼。不断增加的工作量和有限的精力、时间、财力让地方官捉襟见肘,也就怪不得他们会抱怨和夸大诉讼带来的压力。“健讼”之论实则是“在‘制度资源’方面逐渐无法有效地应对社会情势变迁之时,用来弥补其正当性和合理性的一种‘话语资源’”。[3]

第二,“健讼”云云,与其说是一种客观记述,毋宁说是一种道德评价。徐忠明和杜金同样以地方志为材料,对清代诉讼风气进行了实证

---

① 相关学术成果的梳理,可参见邓建鹏:《健讼与息讼——中国传统诉讼文化的矛盾解释》,载《清华法学》(第4辑),清华大学出版社2004年版,第176~200页;徐忠明、杜金:《清代诉讼风气的实证分析与文化解释——以地方志为中心的考察》,载徐忠明:《众声喧哗:明清法律文化的复调叙事》,清华大学出版社2007年版,第116~120页;尤陈俊:《“厌讼”幻象之下的“健讼”实相?重思明清中国的诉讼与社会》,载《中外法学》2012年第4期;吴佩林:《清代地方社会的诉讼实态》,载《清史研究》2013年第4期;范愉:《诉讼社会与无讼社会的辨析和启示——纠纷解决机制中的国家与社会》,载《法学家》2013年第1期。

② 侯欣一:《清代江南地区民间的健讼问题——以地方志为中心的考察》,载《法学研究》2006年第4期。

③ 尤陈俊:《清代简约型司法体制下的“健讼”问题研究——以财政制约的角度切入》,载《法商研究》2012年第2期。

分析,并指出,在大力鼓吹“无讼”理想的社会背景下,诉讼本就“没有道德上的正当性可言,而且还破坏了‘熟人社会’的秩序和安宁”;同时,寻常百姓和留下这些文献的官绅身处不同的阶层,他们秉持的价值标准相异,户婚田土钱债纠纷在百姓看来都是要紧的事情,在后者眼中却不过是“鼠雀细事”。所以,每当这类诉讼被提起,都会加深官员对当地诉讼风气的成见。[①] 总之,作者身份和写作目的会影响他们对诉讼风气的把握,当我们凭借这些材料来认识过去的诉讼实态时,不得不先对作者身份及视角做一番考量。

另一项常被援引的评价依据是诉讼案件数量。数据是客观存在的,但人们在数据来源的选择上有了分歧。有学者以词讼数量为案件实数,如陈宝良援引“近则投词状于司府,日有八九百,远则致勘合于省台,岁有三四千”等语,证明江西吉安在明朝已是大兴嚣讼。[②] 可这一做法忽略了对不同词状的区分。在看似数量巨大的诉讼文书中,有很大一部分是催促审理的催呈。

尤陈俊在包恒(David C. Buxbaum)的统计结果上进行了计算,发现被选取的 152 件档案里,原告重复递交词状的比例高达 79.6%。[③] 可见,词讼数量不等于案件实数。吴佩林提出了另外 4 种可供统计的来源材料。经过分析,他认为相对词讼清册、档案数量和接词簿来说,以考核为要旨的州县事实册提供的数据更可靠。[④] 可是,白瑞德(Bradly W. Reed)在采纳州县事实册的数据时,对这一材料的缺陷予以了提醒,州县官出于应对考绩的打算,往往会少报案件数量,导致事

---

① 徐忠明、杜金:《清代诉讼风气的实证分析与文化解释——以地方志为中心的考察》,载徐忠明:《众声喧哗:明清法律文化的复调叙事》,清华大学出版社 2007 年版,第 130 ~ 137 页。类似论述还可参见尤陈俊:《“厌讼”幻象之下的“健讼”实相?重思明清中国的诉讼与社会》,载《中外法学》2012 年第 4 期。

② 陈宝良:《从“无讼”到“好讼”:明清时期的法律观念及其司法实践》,载《安徽史学》2011 年第 4 期。

③ 尤陈俊:《“厌讼”幻象之下的“健讼”实相?重思明清中国的诉讼与社会》,载《中外法学》2012 年第 4 期。

④ 吴佩林:《清代地方社会的诉讼实态》,载《清史研究》2013 年第 4 期。

实册的数据少于实际情况。[1] 此外,吴佩林对档案数据的质疑也有待商榷。他认为,现存司法档案多有遗漏,无法提供完整数据。若我们因此就拒绝将司法档案作为案件数量统计的基础,那么,州县事实册同样不可被采用。根据州县官的上报情况,在光绪三十三年(1907 年)至宣统元年(1909 年),巴县衙门平均每年受理新案 633 起。夫马进对巴县档案的统计却显示,在光绪三十三年至三十四年,巴县衙门的新案数量分别约为 992 件和 1112 件。[2] 可知,官员瞒报所造成的数据偏差比档案遗失更甚。档案数量仍是当前用以评估诉讼规模的最可靠依据。

然而,仅仅凭依诉讼数量的绝对值来把握一个社会的诉讼实态,难免会存在盲点,分析诉讼实态不能脱离相应的社会背景条件。以人口因素为例。柳立言指出,“从宋到清,都有学人将人口增加视为健讼的重要原因”,要验证这一点就必须先就一地之诉讼实态做出评估,但当前的评估标准是有问题的,“要证明该地有健讼,必须指出五千人时只有五个案件,五万人时却有一百件,在比例上从千分之一增加至千分之二”。[3] 徐忠明和杜金同样就诉讼数量作为衡量健讼与否的标准提出过类似疑问:“与人口的绝对增长相比,明清时期的诉讼数量是否也有绝对的增长呢?”[4]

可见,诉讼数量作为一个衡量诉讼规模的标准未能切中要害,当案件数量的增长幅度追赶不上人口增长的幅度时,诉讼的密度就会被稀

---

① Bradly W. Reed, *Talons and Teeth: County Clerks and Runners in the Qing Dynasty*, California: Stanford University Press, 2000, p. 205.

② 据夫马进统计,巴县衙门于这两年接收的事案件数分别为 1240 件和 1391 件。据他推测,每一年的事案中有 20% 左右的文书与诉讼案件无关。我们因此可以得到这两年的诉讼件数分别为 992 件和 1112 件。参见[日]夫马进:《中国诉讼社会史概论》,范愉译,载中国政法大学法律古籍整理研究所编:《中国古代法律文献研究》(第 6 辑),社会科学文献出版社 2012 年版,第 16 页、第 50 页。

③ 柳立言主编:《史料与法史学》,“中央研究院”历史语言研究所 2016 年版,第 XI 页。

④ 徐忠明、杜金:《清代诉讼风气的实证分析与文化解释——以地方志为中心的考察》,载徐忠明:《众声喧哗:明清法律文化的复调叙事》,清华大学出版社 2007 年版,第 132 页。

释,仅凭案件数量无法有效评估诉讼规模的大小。鉴于此,诉讼案件数量与对应年份的人口数据的比值(以下简称诉讼人口比)或许能提供更准确的考察视角。这一评价标尺的转变将意味着观察者不再分离地专注单一项目的变化,而是以联系的眼光看待社会中的不同变量。

诉讼人口比作为一个评价标准尚没有得到足够的关注,目前只有少数学者谈起。吴佩林依据州县官上报的数据进行计算后得出,在光绪末年的巴县,每10万人发生119件词讼案件,中国古代社会算不上"好讼"。[①] 夫马进根据对巴县档案的统计结果算得,在同治年间的巴县,每一年每40~60户就有一户人家提起新的诉讼。如果假设每户均为五口之家,则每10万人有新案333~500件。基于此,夫马进认为诉讼广泛存在于中国清代社会。[②] 两位学者的结论差异明显,数据来源和计算单位的不同固然是原因之一,但他们的结论还共同指向了一个问题,即如何在诉讼人口比上设定"好讼"与"寡讼"的界限。虽然他们都没有对这个标准予以明确,但他们的结论已经预设了它的存在,否则他们无法判断巴县是或不是"诉讼社会",无论他们有没有意识到这一点,也无所谓这个标准是一个区间还是数轴上一个具体的点。

这一预设在王志强的比较视角中显得更加突出。据他计算,在同治末年的巴县,每10万人有新诉案件235~257件;而在同时期的英格兰,每10万人就有2767件诉讼。两相比较,英格兰的诉讼人口比可以被划进"好讼"的范畴,清代巴县的诉讼压力却算不上大。[③] 两组数字的强烈对比使上述结论极具说服力,但对英格兰和巴县的诉讼人口比的评估,都应以定义标准为必要前提,这就免不了被人追问:在诉讼人口比上区分"诉讼社会"与否的标准是什么?这个标准是否能够放之

---

① 吴佩林:《清代地方社会的诉讼实态》,载《清史研究》2013年第4期。

② [日]夫马进:《中国诉讼社会史概论》,范愉译,载中国政法大学法律古籍整理研究所编:《中国古代法律文献研究》(第6辑),社会科学文献出版社2012年版。

③ 王志强:《非讼、好讼与国家司法模式——比较法视野下的清代巴县钱债案件》,载吴佩林、蔡东洲主编:《地方档案与文献研究》(第1辑),社会科学文献出版社2014年版,第95~96页。

四海而皆准？笔者认为这两个问题的答案均是否定的。即使我们可以为某个特定的地区制定所谓的标准,但对于社会条件与之大相径庭的其他地区而言,这个标准有可能设定得过高或过低。当设定的标准偏高时,后一地区就其自身而言,诉讼人口比或许正处在逐年扩张的趋势中,那么,我们就不能否认该地区的诉讼风气正在逐渐兴盛的事实。因此,横向比较视角的意义是有限的,就同一个地区的诉讼人口比进行纵向观察会揭示更多事实。

综上所述,我们有必要改变传统中国诉讼实态的研究路径。诉讼数量与人口数据的比值应当被赋予更多重要性。同时,为定义“诉讼社会”提出一个普遍适用的界定标准几乎是不可能的,观察诉讼人口比的纵向变化是一个合适的替代路径。当特定地区的诉讼人口比呈现增长趋势时,就表明当地的诉讼风气正逐渐兴盛;反之,当诉讼人口比逐渐下降时,即使诉讼案件数量仍在增加,我们也不能断言当地健讼风气盛行。

沿着这样的路径,本文以清代巴县为例,观察了当地诉讼人口比在嘉庆至道光年间经历的纵向变化。笔者从中发现,巴县的诉讼风气并非总处于活跃的状态中,特别是到了光绪年间,巴县的诉讼规模曾出现收缩的趋势。本文修正了对清代巴县诉讼实态的评估,并验证了诉讼人口比作为探讨诉讼实态标尺的意义。借着这一研究,笔者还重新审视了可能影响“诉讼社会”形成的几个因素。首先,在人口发生绝对增长的情况下,当地的诉讼规模仍可能出现收缩的迹象;其次,移民的涌入并非从一开始便能激起诉讼风气的扩张;最后,州县官的息讼技艺只能在十分有限的范围内发挥实效。

二、清代中后期的巴县诉讼人口比

诉讼人口比的计算以获得诉讼数量和人口数量为前提。在诉讼数量方面,本文直接采纳了夫马进对巴县档案的统计结果,事案件数与诉讼件数之间的区别暂且搁置不论。据他统计,每年诉讼件数约占事案件数的80%,[①]但是,将事案件数一概乘以80%的比例实际上不影响对变化趋势的考察。人口数据的获取相对棘手。在古代中国,人口统计工作没有得到太多重视。清代以后,“康熙二十五年题准,各省五年编审壮丁一次,统于年终造册具题”。[②]可人口统计的结果大多不可靠,上报的数据中存在不少编造的痕迹,故有必要在此就人口数据的筛选和整理做一番说明。

当前,清代巴县的人口数据主要有三个可资参考的来源,分别是嘉庆《四川通志》、现存所有《巴县志》以及其他专门的统计报告。其中,《四川通志》的数据得到了多数学者的认可。李世平认为,在清代中后期,夸大人口数量的风气渐渐兴起,数据相对保守的嘉庆志自然要比同期的其他数据更可靠。[③]施坚雅在多番计算后指出,《四川通省民数册》的数据呈现规律性增长,暴露了清代地方编造人口数据的手法,而编造的基础数据正与嘉庆《四川通志》同属一个系统,他因此主张嘉庆《四川通志》所载人口数是相对可靠的,巴县当时的人口密度、家庭规模、男女比例等都支持了这一点。[④]

曹树基对此提出质疑,他认为各地县志与省通志的数据之间多有参差,省通志中的数据不可尽信。[⑤]为做检验,笔者对比了嘉庆志与民国《巴县志》,两者所载巴县男妇数分别为218,779丁口和218,079丁口,数字十分相似,可以推测是笔误造成了此处数据的不一致。因此,

---

① [日]夫马进:《中国诉讼社会史概论》,范愉译,载中国政法大学法律古籍整理研究所编:《中国古代法律文献研究》(第6辑),社会科学文献出版社2012年版,第14页。

② (清)昆冈、李鸿章等修:《钦定大清会典事例》,卷99,“吏部·处分例·编审人丁”,光绪二十五年重修本。

③ 李世平:《四川人口史》,四川大学出版社1987年版,第183~187页。

④ [美]G. W. 施坚雅:《19世纪四川的人口——从未加核准的数据中得出的教训》,载氏著:《中国封建社会晚期城市研究——施坚雅模式》,王旭等译,吉林教育出版社1991年版,第232~301页。

⑤ 曹树基:《清代中期四川分府人口——以1812年数据为中心》,载《中国经济史研究》2003年第1期。

在有更多相反证据以前，本文对嘉庆志的巴县人口数据予以采纳，并依据通说将通志中的数据视作嘉庆十七年（1812 年）的统计结果。

巴县志的情况比较复杂，先后有乾隆王志、同治熊志、民国县志以及由四川省巴县志编纂委员会编纂而成的 1994 年版《巴县志》。王志虽然提供了雍乾年间的数据，但这些数据存在明显缺陷。一方面，雍正七年（1729 年）的清查结果带有小数点，显然不可能是依照人头计数的结果。根据验算可知，这是以征收税粮总量为基础编审而来的，①所采科则正是明季原额人丁与原额税粮之间的数量比例。② 另一方面，据王志记载："（乾隆二十三年编审）现编人丁一万五千六百三十八丁，盛世滋生户口八百九十八丁，永不加赋。"③从形式上看，这是采用保甲统计法得到的结果，④但这一年到 1812 年的年均人口增长率高达 49.0‰，过高的增长率意味着人口数据可能偏低。

民国《巴县志》也提出了质疑："虽经张献忠之乱，民靡有遗然，历康熙以至乾隆三朝之休养生息，为数当不止此。"⑤这一现象极大可能起因于统计范围的不同。或出于有意隐瞒，⑥或出于遗漏未承粮花户的统计习惯，⑦乾隆年间的人口统计范围实际上小于后来年份。此外，王

---

① 即所谓"以粮载丁"的人丁编审方法。

② 根据乾隆《巴县志》记载，雍正七年采纳的科则为 4.4019335 石，明季原额人丁与原额税粮之间的比例为 4.4041933 石，数字虽说不完全相等，但很容易看出这是误认位数所导致的，故可以判断科则就是明季原额人丁与原额税粮之间的比例。参见（清）王尔鉴等：《（乾隆）巴县志》，卷 3，清嘉庆二十五年刻本。

③ （清）王尔鉴等：《（乾隆）巴县志》，卷 3，清嘉庆二十五年刻本。

④ 根据具体采纳的统计方式，官方人口统计制度在大体上一共经历了三个阶段，依次为"以粮载丁"时期、"按户核丁"时期和保甲统计法时期。其中，只有保甲统计法是对人口进行的直接统计，"以粮载丁"和"按户核丁"实际上都只是"从土地清查所产生的数据中进行二次加工"。张鑫敏：《清代四川人口统计制度新探——以省志所载人口数字为中心》，载《清史研究》2014 年第 1 期。

⑤ 朱之洪等纂修：《（民国）巴县志》，卷 4，载《中国地方志集成・四川府县志辑》（第 6 册），巴蜀书社等 1992 年版，第 112 页。

⑥ 李世平：《四川人口史》，四川大学出版社 1987 年版，第 168 页。

⑦ 张鑫敏：《清代四川人口统计制度新探——以省志所载人口数字为中心》，载《清史研究》2014 年第 1 期。

志的乾隆年数据没有明确户数和人丁数量之间的函数关系,无法排除"人丁数"实为户首数的可能性。故此,本文在计算时没有采纳王志的数据。同样被放弃的还有根据王志"分合去取"而编得的熊志,以及1994年版《巴县志》提供的光绪人口数据。这是因为,前者较王志内容更简,人口数据更是照搬王志,并无多大参考价值;①后者则无法确认数据所属的具体年份,而且结合其他年份的数据计算后可知,该数据有可能偏低。②

除了上述地方志以外,可资利用的其他材料主要有二。一处是四川省巴县档案馆藏的《道光四年巴县保甲烟户男女丁口花名总册》。清朝各地"遵行保甲(雍正八年外省入川民人同土著一体编入保甲),挨资编联,每团数十百家不等,则通谓之烟户。就烟户计之,斯丁口之多寡于是乎可核矣",也就是说,保甲册的烟户具备全部人口的意义。③因此,我们可以得知道光四年(1824年)的巴县有人口82,041户,男女共386,472人。④另一处是得到多数学者认可的宣统年间统计数据。⑤据1994年版《巴县志》记载,宣统二年(1910年)成立了县参议会调查户口,全县有980,474人,次年"全县计191,394户,990,474人"。⑥结合施居父收集的宣统二年(1910年)数据来看,⑦应是宣统二年的巴县

---

① 参见(清)熊家彦:《(同治)巴县志》,清同治六年刻本。

② 据记载,光绪末年的巴县人口总数为75.6万,与道光四年相比,户均人口数有所降低,每户只有4口人(参见四川巴县志编纂委员会编:《巴县志》,重庆出版社1994年版,第641页)。这可能是移民大量涌入造成的。但是从道光四年到光绪末年,年均人口增长率只有8‰左右,无法支撑有关移民浪潮的猜想。同时,光绪末年与宣统二年的年均增长率又明显偏高,将近70‰。在有更多解释以前,这些不协调之处只能暂时归咎于该人口数据本身的不合理。

③ 曹树基:《清代中期四川分府人口——以1812年数据为中心》,载《中国经济史研究》2003年第1期。

④ 原载合计数目有误,笔者验算后在此修正。四川省档案馆、四川大学历史系主编:《清代乾嘉道巴县档案选编》,四川大学出版社1989年版,第340~341页。

⑤ 数据的可靠性论证,可参见王笛:《清代四川人口、耕地及粮食问题》(上),载《四川大学学报(哲学社会科学版)》1989年第3期。

⑥ 四川巴县志编纂委员会编:《巴县志》,重庆出版社1994年版,第641页。

⑦ 施居父编:《四川人口数字研究之新材料》,(成都)民间意识社1936年铅印版,第15~18页。转引自李鹏、常静:《20世纪前半期三峡地区人口增长初探(1910-1953)》,载《三峡论坛》2013年第5期。

有人口 191,394 户,990,474 人。

综上所述,可得巴县人口情况如表 1:

表 1　1812 ~ 1936 年巴县各年人口情况

年份	户数/户	总人口数/人	户口人均数	间隔年数/年	年均人口增长率
嘉庆十七年(1812 年)	75,743	218,779	2.9	—	—
道光四年(1824 年)	82,041	386,472	4.7	12	48.6‰
宣统二年(1910 年)	191,394	990,474	5.2	86	11.0‰
民国十九年(1930 年)	208,548	1,084,710	5.2	20	4.6‰
民国二十五年(1936 年)①	270,595	1,329,604	4.9	6	34.5‰

由于夫马进统计的案件数量截至光绪三十四年(1908 年),我们还要在现有数据基础上推算 1908 年的人口。根据 1910 年与 1930 年、1936 年的数据,可以得出有关当年人口的两个推测,分别为 981,513 人和 968,292 人,相差不足两万人。由于民国《巴县志》详尽罗列了 1936 年巴县各个地区的人口数据,便于笔者检验,而且,如果略过 1930 年的数据,1910 年至 1936 年的年均增长率为 11.4‰,与 1824 ~ 1910 年的年均增长率能更好衔接,故本文主要采用 1936 年的数据,并将 1930 年的数据留作验算用。那么,结合夫马进统计的案件数可以得到表 2:

① 民国巴县人口数据,均参见朱之洪等纂修:《(民国)巴县志》,卷 4,载《中国地方志集成·四川府县志辑》(第 6 册),巴蜀书社等 1992 年版,第 112 ~ 115 页。需要说明的是,笔者对民国二十五年(1936 年)的数据验算后发现,县属五区的统计存在两个比较严重的差错。第一,南龙乡统计有 11,540 户,却只编成 156 甲,男女总数只有 11,244 人。若以县属第三区的合计数倒算,南龙乡应仅有 1621 户。依据民国“十户为一甲”的规定,1621 户编为 156 甲尚属合理,因此笔者将南龙乡的户数修正为 1621 户,保留原来的合计户数。第二,县属第四区的合计原为 63,851 户,笔者逐乡合计后得出县属第四区共 42,943 户,男妇人口的数据也出现了比较大的误差。笔者根据合计结果一一作出了修正。最终可得民国二十五年(1936 年)的巴县有人口 260,683 户,男女共 1,339,523 人。另外,1994 年版《巴县志》中记载道:“民国 19 年,县开设警察机构,对全县户籍再行清理,时县市地域略有划分,县分 10 区,计 161,302 户,836,217 人”(参见四川巴县志编纂委员会编:《巴县志》,重庆出版社 1994 年版,第 641 页)。这与民国《巴县志》相比,显然只算入了市属人口。由于古时没有如此市县划分,为了保证统计范围的一致,本文仍以市县合计总数作为巴县人口数。

表2　清代巴县个别年份的诉讼人口比

年份	案件数量/件	户数/户	人口数/人	诉讼/户数	诉讼/人口
嘉庆十七年(1812年)	304	75,743	218,779	1:249	1:720
道光四年(1824年)	673	82,041	386,472	1:121	1:574
光绪三十四年(1908年)	1391	186,363	968,292	1:189	1:696

无论是从1812年到1824年,还是从1824年到1908年,案件数量都在随着人口增长而增长。如果我们的讨论仍然止步于将诉讼数量作为把握诉讼规模的标准,不难得出符合人们通常想象的结论,即在人口数量发生绝对增长时,当地社会的诉讼规模也会随之扩张。但是,当我们将关注点转移到诉讼数量与人口的比值上来时,就会发现与此不一致的情况。在1824年的巴县,每十万人有174起案件。到了1908年,巴县人口不止翻了一番,可每十万人只有144起案件。如果依照1910年和1930年的数据来计算,1908年的巴县有人口981,513,此时,巴县的诉讼人口比就只有1:706,即每十万人中有142起案件。笔者无意就"诉讼规模是大或小"这一问题界定具体的标准,可这不妨碍我们通过上述比较得出结论,巴县的诉讼风气曾上升至一个高峰,后又逐渐得到缓和。即使在人口翻倍增长的情况下,1908年的诉讼规模不仅没有超过1824年的规模,甚至呈现收缩的迹象。

除此之外,我们还可以重新考察移民潮与诉讼规模变化之间的关系。康雍年间,在政策的拉力和社会的推力共同作用下,声势浩大的移民队伍从湖广地区涌向四川,史称"湖广填四川"。[①] 这一场省际大迁徙至迟在嘉庆年间就已经停止了,[②]省内各地间的人口流动却没有随之停下。李世平和王笛都指出,以嘉庆十七年为界,四川各地区的人口分布发生了较大变化,人群逐渐流向包括巴县在内的川东地区。[③] 巴县户均

① 陈世松:《大迁徙:湖广填四川历史解读》,四川人民出版社2005年版,第381~441页。

② 李世平:《四川人口史》,四川大学出版社1987年版,第184~185页。

③ 李世平:《四川人口史》,四川大学出版社1987年版,第178页;王笛:《清代四川人口、耕地及粮食问题》(上),载《四川大学学报(哲学社会科学版)》1989年第3期。

人口数的变化同样支持了这一点。从表1来看,1812年的巴县户均人口仅为2.9人,小家庭居多正是移民聚集地的显著特征。[①] 1824年,巴县的每户平均人口恢复至4.7人,这也表明当时的巴县人口正经历从移民到"土著"的转变。在这里,来自不同地方的移民之间以及土客之间的冲突尤其受到关注,并被学者视为促成"诉讼社会"的又一个主要因素。[②]

然而,从表2可以看到,1812年的诉讼规模甚至比不上近百年后的1908年巴县,每十万人只有138起新案。移民的涌入没有为诉讼规模扩张带来显著的推动作用。当然,我们需要考虑到这样一种情况,移民之间的冲突应该更多地发生在不同家庭之间,而非家庭内部,如果只考察诉讼人口比,户与户之间的激烈冲突可能会被总人口数所稀释。因此,进一步考察诉讼与户数之间的比值仍是有必要的。现如夫马进先生那样,假设每一起案件中有一户人为原告,一户人为被告,结合表2可知,在1812年的巴县,大约每125户人家才会提起一件诉讼;而在1824年,大约每60户人家就有一起诉讼;即使是在诉讼人口比同样比较小的1908年,平均每95户人家就会提起一桩新案。1812年的诉讼规模确实偏小,远不及后两个年份。

三、劳苦"无功"的州县官

若说上一节以诉讼人口比为标尺,主要考察了可能影响诉讼规模的积极因素,那么,这一节则侧重于评估一个可能的抑制因素的实际影响,即地方官的息讼态度和策略,或者笼统称为地方官的个人努力。

官方话语总是十分擅长将诉讼规模的缩小归功于地方官的为官有

---

① 王笛:《清代四川人口、耕地及粮食问题》(上),载《四川大学学报(哲学社会科学版)》1989年第3期。

② 徐忠明、杜金:《清代诉讼风气的实证分析与文化解释——以地方志为中心的考察》,载徐忠明:《众声喧哗:明清法律文化的复调叙事》,清华大学出版社2007年版,第163~165页;[日]夫马进:《中国诉讼社会史概论》,范愉译,载中国政法大学法律古籍整理研究所编:《中国古代法律文献研究》(第6辑),社会科学文献出版社2012年版,第9~10页。

道。读《清史稿》,“讼者日衰”“讼者日稀”等字句并不罕见,它们都是用来称赞官员理讼能力或息讼技艺的惯常用语。然而,这些描述的真实性是值得怀疑的。例如,清代官吏姚柬之曾于道光十九年至道光二十四年出任贵州大定府知府一职,据《清史稿》记载:“(大定府)俗好讼,柬之速讯速结,不能售其欺,期年而讼稀。”①

对此,《大定府府志(道光朝)》却给出了相反的证据。一方面,在府志“风俗”一篇中,姚柬之的后任者黄宅中对大定民众的好讼风气十分忧虑,他如此写道:“民多贫者,则以秉性愚拙,又好负气讦讼。织芥之嫌,为之解释,谕以情理,忿犹不消,迨至官剖曲直,予以杖笞,犹曰‘得胜’,彼此破产鬻庐,尚不顾惜。”②另一方面,已从贵州巡抚一职调离的贺长龄在黄宅中到任后,还特意向后者送去书信一封:“仆抚黔九载,地方利病素所知者,可明以告之。……民俗轻生好斗,讼狱滋多,有司戴星出入,犹恐不治。故为守令者,必严缉捕以治盗除暴,所以安良也;必勤断狱以亲民理讼,所以平政也。”③贺长龄于“(道光)十六年,擢贵州巡抚”,“二十五年,擢云贵总督”。④ 在他调任前的大部分时间里,大定府知府一职都由姚柬之担任。倘若姚柬之真的实现了诉讼减少,贺长龄又如何至于忧虑如此?故可知官方的记述不一定可靠。

官员的个人努力究竟能在多大程度上影响诉讼规模的变化,仍是一个有待验证的问题,笔者意欲一探。不过在此之前,有两个问题是需要提前交代清楚的。

第一,样本的选择会影响考察的效果。夫马进单独选择了刘衡在任的1825~1827年数据为样本,通过指出事案件数在1825~1826年骤降,主张刘衡在担任巴县知县时实现了诉讼的激减,这可能是谨慎理讼的成果。⑤ 只以事案件数作为衡量诉讼规模的不足之处已在前文讨论,此处

---

① 赵尔巽等:《清史稿》,中华书局1977年版,第13060页。

② (清)黄宅中:《(道光)大定府志》(一),巴蜀书社2006年版,第221页。

③ (清)黄宅中:《(道光)大定府志》(一),巴蜀书社2006年版,第40页。

④ 赵尔巽等:《清史稿》,中华书局1977年版,第11618页。

⑤ [日]夫马进:《中国诉讼社会史概论》,范愉译,载中国政法大学法律古籍整理研究所编:《中国古代法律文献研究》(第6辑),社会科学文献出版社2012年版,第14页。

不再赘述。但即使抛开这一点，这一推论仅仅建立在刘衡的事迹上，单一的时间截面本身也会带有难以消除的偶然性。我们有必要选取不同的时间截面来进行比较，从而尽可能地减少其他因素变动给观察结果带来的影响。可问题是，不同时间截面的当值官员也不一定相同，相互各异的个人特质及其采取的不同息讼措施也会成为分散论点的因素。同一个官员在不同时间段的任职情况是更好的样本。综观巴县历任知县的花名册，国璋正是这样一个合适的选择，他曾分别在光绪七年至八年、光绪九年至十三年和光绪二十一年至二十三年三次出任巴县知县。据《巴县志》记载：

(国璋)年十六以幕游蜀，旋以军功保叙知县。年二十一出宰隆昌。年少初任，人多易之。国璋决狱明敏，精覈如老吏，且严治盗事，不能欺。人乃大服……光绪七年，调任巴县……民好讼，喜诬告良懦，受累动至破家。璋乃察县人中之有清德宿望者，礼往其闾而委之里长，付以钤记，一方事权，悉以寄之。民间有小纠纷，即就和解；不能解者，非经里长加盖钤记不得达县。于是奸宄敛迹，讼事大稀。[①]

从这段引文可以知道，国璋早在年轻的时候便积累了丰富的理讼经验。初任知县时，他年方二十一，但治狱能力已经让人折服。调任巴县后，国璋委任县中“有清德宿望者”为里长，并将里长调停规定为诉讼的一道“前置程序”，通过官方与社会自治的合作来治理诬告与好讼之风。国璋的良苦用心似乎都颇有成效，至于事实是否如此，则需要结合这三个时期的诉讼人口比做进一步论证。

第二，巴县的人口数据不完整，要获得每一年的精确人口数据乃至诉讼人口比并非易事。为此，笔者调整了观察的思路，放弃直接获取实际人口数据的企图，转而先对特定年份的诉讼人口比做出假定。根据假定的比值和已知的案件数量可以倒算该年份的人口数据，再以已经确定的1824年人口和1910年人口为基准，计算年均人口增长率，并结合这一年的社会条件和历史背景来评估推算增长率的合理与否，从而推知该

① 朱之洪等纂修：《(民国)巴县志》，卷9，载《中国地方志集成·四川府县志辑》(第6册)，巴蜀书社等1992年版，第320页。

年实际诉讼人口比所坐落的数值范围。具体来说,若推算的人口数值偏高,就意味着假定的诉讼人口比值偏小了,实际的诉讼规模应该比假设的情况要大;反之,推算的人口数值如果偏低,该年的实际诉讼规模就可能小于假设的情况。

以国璋出任巴县知县的第一年为例。根据夫马进的统计,光绪七年(1881年)的事案件数为1614起。若假设这一年的诉讼规模与1824年相当,每十万人中有174起案件,那么,巴县当年的人口应达到926,436人。根据这一假设,可分别算得1824~1881年的人口年均增长率约为15.5‰,以及1881~1910年的人口年均增长率约为2.3‰。与1824~1910年的年均增长率相比,前半区间的年均增长率略微偏高,后半区间的增长率却低了不少。不过,随着人口基数的增大,同样的增长率意味着人口增长的绝对值更大,加上当地社会已经逐渐趋向饱和,后期增长速率小于前期的情况并不意外。况且,1910~1930年的年均增长率仅为4.6‰,也说明了1881~1910年的实际人口年均增长率确实可能接近于2.3‰。当然,这不能完全排除推算人口偏高的可能。正是因为假设人口可能偏高,才会导致前半区间的年均增长率过高,并同时造成后半区间的年均增长率过低。

如果假设1881年的诉讼规模与1908年相当,情况又会如何?根据诉讼人口比1:696和1881年的事案件数可以推测当年巴县有1,123,344人。此时,1824~1881年的年均增长率约为18.9‰,而1881~1910年会出现负增长,年均增长率为-4.3‰。据考,1894年,巴县曾发生火灾;另外,在1900年和1904年,巴县先后经历了两次旱灾,其严重程度分别被评定为轻度和中度。① 这三次灾害是否足以导致巴县人口在1881~1910年出现长达29年的锐减,尚得不到更进一步的证据。即是说,1881~1910年出现人口负增长的假设没有得到有力支持。因此,笔者倾向认为,负增长率的出现是因为假设的人口数量过

① 朱之洪等纂修:《(民国)巴县志》,卷21,载《中国地方志集成·四川府县志辑》(第6册),巴蜀书社等1992年版,第690页;张艳梅:《清代四川旱灾时空分布研究》,西南大学2008年硕士学位论文,第29~39页。

高,也就是说,假设的诉讼人口规模太小,实际的诉讼人口比远大于1:696。综上所述,我们可以推断1881年的巴县诉讼规模应当大于1908年的情况,接近且可能大于1824年的情况。

我们可以用同样的思路来处理国璋在任的其他几个年份。首先,假设这些年的诉讼人口比均为1:574,可以得到表3:

表3 国璋在任期间的巴县人口推算(假设诉讼人口比为1:574)

年份	事案件数/件	推算人口/人	与1824年间隔年份/年	年均增长率	与1910年间隔年份/年	年均增长率
光绪七年(1881年)	1614	926,436	57	15.5‰	29	2.3‰
光绪九年(1883年)	1081	620,494	59	8.1‰	27	17.5‰
光绪十年(1884年)	1777	1,019,998	60	16.3‰	26	-11.3‰
光绪十一年(1885年)	1491	855,834	61	13.1‰	25	5.9‰
光绪十二年(1886年)	1537	882,238	62	13.4‰	24	4.8‰
光绪二十一年(1895年)	1071	614,754	71	6.6‰	15	32.3‰
光绪二十二年(1896年)	1050	602,700	72	6.2‰	14	36.1‰

表3中的每一行数据都是针对一个特定年份的单独分析。在把诉讼人口比设定为1:574的情况下,1883年的巴县应有人口620,494人,1824~1883年的年均增长率为8.1‰,比1824~1910年的增长率略低,后半区间的年均增长率则比1824~1910年的略高,也高于前半区间的推算增长率。如前文所述,在没有特殊条件下,人口增长的速率在后期有可能逐渐减缓,而非加速。故此,可以推知1883年的推算人口偏低,假定的诉讼人口比值偏大。第二年的情况截然相反。1884年的推算人口有1,019,998人,这导致巴县人口要在1884~1910年以-11.3‰的速率持续减少。但与有关1881年的分析一样,没有确切证据能够支持人

口持续锐减的假设。也就是说,设定的诉讼人口比值偏小,造成据此推算的人口数量远远高于1884年的实际人口,1884年的诉讼规模应该远大于1824年。1885年与1886年的情况比较连续,前半区间(1824～1885年/1886年)的年均增长率都维持在13‰左右,后半区间(1885/1886～1910年)的年均增长率也都相近,分别为5.9‰和4.8‰。与1881年的分析进行比较,会发现这两年的推算增长率显得更加平缓连贯,前后区间的增长速率落差小,接近1824～1910年的年均增长率。这两年的推算人口应与实际情况相当接近,最初将其诉讼人口比设定为1:574是合理的。1895年和1896年的情况也呈现出连续性。

从计算步骤可以看出,这种连续性同1885～1886年的情况一样,是事案件数相近导致的,但若将这两年与1883年相比,人们无法仅依据事案件数来评估诉讼规模的这一主张就会得到重申。1883年的推算人口已经较实际情况偏低,1895年和1896年推算人口的偏低情况只会更加严重,特别是就后半区间年均增长率进行比较,1895年和1896年的数值几乎是1883年的两倍。在移民大量涌入或改变统计范围的情况下,人口陡然高速增长的现象确实有可能发生。可是,没有史料能证明这两年里曾发生类似事件。我们因此只能推断,1895年和1896年的推算人口严重偏低,其实际诉讼人口比不及1:574,诉讼规模恐怕比1883年还要小得多。

为了进一步考察1883年、1895年和1896年的诉讼规模,笔者重新假定这三年的诉讼规模与1908年相当,得到的推算结果如表4所示:

表4 国璋在任期间的巴县人口推算(假设诉讼人口比为1:696)

年份	事案件数/件	推算人口/人	与1824年间隔年份/年	年均增长率	与1910年间隔年份/年	年均增长率
光绪九年(1883年)	1081	752,376	59	11.4‰	27	10.2‰
光绪二十一年(1895年)	1071	745,416	71	9.3‰	15	19.1‰
光绪二十二年(1896年)	1050	730,800	72	8.9‰	14	22.0‰

当诉讼人口比被设定为 1∶696 时,1883 年的推算人口达到 752,376 人,此时,前半区间的年均人口增长率为 11.4‰,后半区间的年均增长率为 10.2‰,与 1824～1910 年的人口年均增长率十分相近,而且前后两个区间的增长率可以很好地衔接,巴县人口不至于出现突然的增长或是锐减。1∶696 的诉讼人口比应十分接近 1883 年的实际情况。反观 1895 年和 1896 年的推算人口数据,不合理之处仍然存在。后半区间的年均增长率是前半区间的两倍多,前期的平缓增长和后期的猛烈增长形成强烈对比,表明推算的人口数据比实际情况小了不少。由此可得,1895 年和 1896 年的诉讼规模可能比 1908 年的情况还要小得多。

综上所述,国璋在任期间的巴县诉讼规模可以整理如下(见表 5):

表 5　国璋在任期间的巴县诉讼实态

<table>
<tr><th>年份</th><th>事案件数/件</th><th>诉讼人口比 R</th></tr>
<tr><td>光绪七年(1881 年)</td><td>1614</td><td>R≈1/574</td></tr>
<tr><td>光绪九年(1883 年)</td><td>1081</td><td>R≈1/696</td></tr>
<tr><td>光绪十年(1884 年)</td><td>1777</td><td>R＞1/574</td></tr>
<tr><td>光绪十一年(1885 年)</td><td>1491</td><td rowspan="2">R≈1/574</td></tr>
<tr><td>光绪十二年(1886 年)</td><td>1537</td></tr>
<tr><td>光绪二十一年(1895 年)</td><td>1071</td><td rowspan="2">R＜1/696</td></tr>
<tr><td>光绪二十二年(1896 年)</td><td>1050</td></tr>
</table>

不可否认,国璋的息讼措施在一定程度上是奏效的,诉讼规模在 1883～1886 年经历的变化证明了这一点。巴县的诉讼规模在 1884 年出现明显扩张,到了 1885～1886 年,诉讼规模有所收缩,诉讼人口比维持在 1∶574 左右。从这一点来说,地方志对国璋的赞誉具有真实性。但是,这一情况也恰恰说明息讼措施的作用是十分有限的,国璋只能将巴县的诉讼风气降低并维持在一个相对稳定的水平,而不能进一步大幅度地减小诉讼规模。社会现实中的一些其他因素发挥着与之相反的作用,消解了州县官的个人努力。

有人肯定会指出,1895～1896 年的诉讼规模达到了国璋任职的所有年份中的最小值,这多少也证明了州县官个人努力的效果。然而,如果以上述分析方法对巴县其他年份的诉讼人口比进行观察,会发现我们很难将诉讼规模下降的功劳归于国璋的息讼策略。最迟从光绪十九年(1893年)开始,巴县的诉讼之风就"偃旗息鼓"了,直至光绪与宣统交替的前后。大趋势既是如此,国璋的息讼策略在1895~1896年之所以看似奏效,很大程度是因为搭上了这趟"顺风车"。

四、结　语

本文以诉讼数量与人口的比值为标尺,为考察传统中国诉讼实态提供了一些新的线索。案件数量的增长是人口数量增长带来的正常反应,但不表明诉讼规模同步发生扩张或诉讼风气的兴起。在人口数量发生绝对增长的情况下,如果诉讼数量的增长幅度落后于人口,诉讼的密度就会被稀释,诉讼规模反而可能呈现收缩趋势。只有当案件数量的增长幅度超过正常反应范围,健讼之说才能得到有力支撑。因此,诉讼数量持续增长并不能表明巴县的诉讼风气一直处在活跃状态;与之相反,诉讼人口比的变化指出,清代巴县的诉讼风气至少在后期曾得到明显缓和。

在这一基础上,本文以更细致的视角重新考察了人口、移民和州县官的个人努力都各自从何种程度影响着诉讼规模的变化。如前文所述,诉讼数量会伴随着人口的增长而增长,但两者的增长幅度却不一定与彼此相当,这也就意味着有其他因素与人口因素同时作用在整个社会,制衡甚至抵消了人口增长能够带来的推力。人口因素如果单独作为诉讼风气的形成原因,其解释力必然是不够的。移民潮也是同理。1812年的巴县诉讼人口比说明移民潮不一定掀起健讼的风气,这一年的诉讼规模明显小于其他年份,而在另外两个年份里,移民已经逐渐沉淀。州县官为实现"无讼"理念而做出的努力是可能的消解因素之一。国璋的例子证明了这一点,却也证明了这种消解作用十分有限。而能够消解这些推力的一个更有力因素或许是社会本身的容纳力。当社会尚且留有足够的容量时,人与人之间产生纠纷的概率本来便会减少。如柳立言举例类比所示,台湾地区少子化会引发各大学抢夺生源的浪潮,那么,当地方资源流失时,即使人口外流,留下来的人也会因为有限的资源发生纠纷,诉讼风气未必会下降;反过来,资源尚且富余时,人口和移民增加也未必会引起更多纠纷。[①] 另外,人们在不同的社会阶段对各种纠纷解决手段抱有的信任和期待不同,这影响着对诉讼的选择和态度,[②]或许也会进而给当地诉讼风气带来推力或是阻力。

总之,这些因素相互联系在一起,就如同物理学中的"力",受考察的特定社会是一个总的客体,这些"力"以不同的方向和大小共同作用在同一个客体上,最终形成"合力",决定了一地在特定社会条件下的诉讼实态。因此,在道光年间的巴县,健讼之风之所以上扬,或许是因为人口、移民冲突等推力因素突破了社会的容纳力;而1908年的巴县诉讼人口比又表明了这种突破的推力是有限的,在那之外必然还有其他的抑制或消解因素,才会使巴县的诉讼规模在人口压力增加、资源越发紧缺的情况下仍出现收缩。这些影响因素都有待进一步发掘。但是,找到影响因素还不是这一课题的终止,探寻这些因素之间的"合力规则"、观察它们如何互相博弈和制衡同样重要。

随着这些"合力规则"的发现,诉讼人口比作为一个把握诉讼实态

---

① 柳立言主编:《史料与法史学》,"中央研究院"历史语言研究所2016年版,第XI页。

② 例如,有学者主张,百姓会在不同的纠纷解决手段之间摇摆。这类现象的背后实际上是不同地方自治力量之间及其各自与公权力之间的较量[参见陈亚平:《18~19世纪的市场争夺:行帮、社会与国家——以巴县档案为中心的考察》,载《清史研究》2007年第1期;陈亚平:《咸同时期的巴县"绅商"——以清代巴县档案为中心的考察》,载《近代史学刊》(第4辑),社会科学文献出版社2007年版,第1~11页;邓建鹏:《清代州县讼案和基层的司法运作——以黄岩诉讼档案为研究中心》,载《法治研究》2007年第5期;范愉:《诉讼社会与无讼社会的辨析和启示——纠纷解决机制中的国家与社会》,载《法学家》2013年第1期]。还有学者主张,古代百姓对诉讼的选择有可能是在争取官府的主动介入,以此摆脱地方自治秩序(参见[美]贾空:《谎言的逻辑:晚清四川地区的诬告现象及其法律文化》,载陈煜编译:《传统中国的法律逻辑和司法推理——外国学者中国法论著选译》,中国政法大学出版社2016年版,第246~278页),这一观点显然是借鉴了萨利·安格尔·梅丽对美国底层民众的研究(参见[美]萨利·安格尔·梅丽:《诉讼的话语——生活在美国社会底层人的法律意识》,郭星华等译,北京大学出版社2007年版)。

的标尺或许会得到改进。它是在衡量诉讼实态时将对应的社会条件纳入标尺的一个初步尝试,因而也还只是一个尚待打磨的工具雏形。同时,囿于史料的不足,缺乏完整准确的人口数据,笔者无法对清代巴县每一年的诉讼规模进行更精确的考察。因此,本文的结论都只是暂时性的。随着史料的挖掘和更新,我们或许又会有不一样的解答。

《法律和社会科学》(2018)
第17卷第1辑,第83~106页

生活费纠纷中的性别与法律
——基于民国荣县档案的考察

刘楷悦*

摘　要:民国民法中的生活费条款是立法者在移植西方法律的基础上,依照中国社会实际情况对配偶间经济义务进行规定的有益尝试。配偶扶助义务的产生原以共同生活为前提,民国民法取消了这一前提规定,着意对与丈夫离婚或别居后仍受传统经济习惯影响而陷入生存窘境的女性进行救济。在司法实践中,女性充分利用性别优势争取生活费条款的实现,但由于男方常以习俗对抗法律规定,裁判者为平衡两造未对女性给予额外关照,加之判决执行困难重重,生活费条款的立法初衷在基层司法实践中并未取得预期的实效。

关键词:生活费;基层司法;民国;性别

在法律近代化背景与女权思潮的影响下,民国法律确认了女性在家庭场域更为广阔的权利,其中

---

* 四川大学法学院博士研究生。本文系国家社科基金重大项目“民国荣县档案整理与研究”(13&ZD152)和中央高校基本科研业务费专项资金资助项目“法律近代化对女性权利的影响”(2012017YJSY128)的研究成果之一。

包括结婚离婚的自由。随着“男女平等”逐步成为政治纲领与立法者追求的目标,区别于传统社会在家庭财产分配时男性主导女性失语的局面,民国的数部法典确立了全新的夫妻间经济权利义务模式,其中既涵盖“约定财产制”“共同财产制”等规定婚姻关系存续期间双方经济格局的条款,也涉及离婚后的财产分配与夫妻间经济义务即赡养费、扶养费与离婚损害赔偿等内容。在司法实践中,此类案件又常以“生活费”的名义概括裁断。正因法律条文的复杂框束及规范与实践的差异,民国民法中有关夫妻间经济权利义务的概念尚待厘清,基层材料的缺失也令既有研究的结论仍具可供商榷之处。另一方面,诉讼档案中存在的大量生活费案件,证明新的法律规范与经济模式确实令女性以更为主动的姿态参与权利争夺。相较于传统法律仅将女性视为从属而非独立的权利主体,民国立法者更多考虑到了性别因素并意图促进女权。但在实践中,裁判者能否贯彻这一意旨相当关键,并且性别的角力也决定着相关条款能否切实保障女性经济权益。本文以民国荣县档案为依托,通过对生活费案件裁判的微观考察,为近代以来女性权利与法律的互动研究提供基层和实践的视角。

一、民国民法中的生活费条款

由于传统社会男女地位失衡,夫妻离异时的财产问题往往只涉及返还妆奁。明清律在极特殊的情况下,规定了“非理殴子孙之妇,及乞养异姓子孙,致令废疾者,杖八十,笃疾者加一等,并令归宗,子孙之妇追还嫁妆,仍给养赡银一十两”。[①] 尽管在滋贺秀三的论述中,此条的适用范围可扩大至“夫有罪过而被判决离婚的情况”,[②]但所涉及的问

① (清)沈之奇撰:《大清律辑注》,怀效锋、李俊点校,法律出版社2000年版,第768页。

② [日]滋贺秀三:《中国家族法原理》,张建国、李力译,法律出版社2003年版,第530页。

题仅限于随嫁财产是否须被返还。其中提及的养赡银,应指被殴伤至废疾时所需费用,而非民国法律语境中因离婚所致的经济义务。明文规定的夫妻间因离婚产生的经济义务,最早可见《大清民律草案·亲属编》第1369条的相关规定:“呈诉离婚者,得准用前条之规定。但依第一千三百六十二条,应归责于夫者,夫应暂给妻以生计程度相当之赔偿。”①这一颇具“过错责任”色彩的条文“兼具离婚损害赔偿和离婚后扶养的功能”,②因为不具有法律传统,于是被民国法学家认为是移植的结果。对此,赵凤喈曾有一段精妙论述:

至成婚后而离婚者,则历来法律除因婚姻之无效或撤销而离婚者,有返还聘财之规定外;至于法定之离婚,均不见有类似返还聘财之抚养费之明文。其所以如此者,一因中国社会责备女子较严于男子之结果,于离婚时,大半认为女子之罪过,所以不令男子负抚养费之义务;二因中国社会贱视女子之结果,每认女子为其丈夫之所有物,此可征之于法律上“出妻”或“嫁卖”之文可知。夫既视妻为所有物,则关于离婚之事,与所有人抛弃所有物(如出妻时)或转卖所有物(如嫁卖妻时)无异,双方自不生抚养费之问题。现时大理院依近世文明国家民法一般之原则,认离婚由一早之故意或过失者,对他造应负抚养之义务……③

赵凤喈认为,“抚养费”被引入,是学习“近世文明国家民法一般之原则”的结果。然而近世文明国家却只强调过错赔偿,少有离婚后双方仍负扶养义务的规定。根据同时期日本学者栗生武夫的述论,日本法、罗马法、日耳曼法确实以法律形式承认夫妻间相互扶养的义务,“纵使一己之生计陷于困难,亦非尽抚养之责不可”,④但要以共同生活为前提。而在中国,除夫妻关系存续时产生扶助义务外,离婚以及法律

---

① 杨立新点校:《大清民律草案　民国民律草案》,吉林人民出版社2002年版,第175页。

② 金眉:《中国亲属法的近现代转型——从〈大清民律草案·亲属编〉到〈中华人民共和国婚姻法〉》,法律出版社2010年版,第188页。

③ 赵凤喈:《中国妇女在法律上之地位》,上海商务印书馆1928年版,第60页。

④ [日]栗生武夫:《婚姻法之近代化》,胡长清译,中国政法大学出版社2003年版,第76~77页。

虽未明文规定,实践中却大量存在、判决例解释例予以确认的别居也会导致“抚养费”产生,后者早已脱离共同生活这一前提。另一“文明国家”美国虽曾有类似过错方承担离婚后赡养费的情况,却也对法律进行修改,“纽约州议会认为现行离婚法完全苛酷,已提出离婚赡养费支付者救济案……久成问题之法律此次似将改订”。① 但是中国不仅没有“改订”迹象,反而逐步完善补充。伴随民法内容的不断调整,以及具有正式法源地位的解释例判决例反复阐释,负担经济义务不再以过错为要件,范围也由夫妻间扩大至家长与家属。“近世文明国家民法一般之原则”由过错赔偿被引申至离婚后赡养,在法律近代化过程中越发具有“中国特色”,足见社会现实与习惯的深刻影响。

当时女性生计多依赖男方,骤然离婚势必引起女性生活的巨大变化,因此,虽然法条看似平允,实则更多出于照顾女性的考虑。胡汉民曾言,“本党政纲上,早已确定了男女平等的原则。世界上很进步的女权之说,我们不仅主张,而且已经力求实现”。② 故而要在法典中专门区隔离婚后赡养与损害赔偿,强调纵使无过失一方也要给予赡养费。《中华民国民法·亲属编》的相关规定如下:

第1056条:夫妻之一方因判决离婚而受有损害者得向有过失之他方请求赔偿。

第1057条:夫妻无过失一方,因判决离婚而陷于生活困难者,他方纵无过失,亦应给与相当之赡养费。

第1114条:家长家属间互负扶养义务。

第1117条:受扶养权利者,以不能维持生活而无谋生能力者为限。

第1118条:因负担扶养义务而不能维持自己生活者,免除其义务。

第1119条:扶养之程度,应按受扶养权利者之需要与负扶养义务者之经济能力及身份定之。③

---

① 佚名:《美国离婚赡养费问题》,载《法律评论(北京)》1929年(第6卷)第21期,第40页。

② 胡汉民:《胡汉民先生文集》(第4册),文物供应社1978年版,第1186页。

③ 《六法全书》,吴经熊校勘,上海法学编译社1935年版,第113页。

可见,立法者在设立赡养费条款时具有扶助女性生活的朴素愿望。面对世界范围内女权运动的勃兴与知识分子的舆论压迫,重新审视已将礼教纲常内化为行为准则的中国女性并反思其生存境遇成为法律不得不为的大势,故而以法律保障婚姻自由也是顺势而行。在女子职业不容乐观的社会现实面前,女性享有离婚自由后可能不具有相应的经济保障是立法者预先设想到的。“本法原则上本采无过失损害赔偿主义,但若无过失之一方因判决离婚而陷于生活困难者,如听其放任,势必无法救济。故本条规定他方纵无过失,亦应给予相当之赡养费。”①以离婚后经济扶助的形式将西方法律与中国社会对接,是法律对于传播渐广的女权呼声之回应,也是立法者落实女权理论维护女性利益精义的本土化尝试。

由于该条款涉及“赡养费”“扶养费”“生活费”等诸多概念,基于不同情境,学界对此表述不一。② 郭贞娣认为,“赡养费条款将此种经济

① 郭卫、周定枚编:《六法判解理由总集》,上海法学书局1935年版,第107页。

② 白凯的《中国的妇女与财产:960~1949》(上海书店出版社2007年版)、王新宇的《民国时期婚姻法近代化研究》(中国法制出版社2006年版)、张勤的《民初的离婚诉讼和司法裁判——以奉天省宽甸县为中心》(载《比较法研究》2006年第5期)、金眉的《中国亲属法的近现代转型——从〈大清民律草案·亲属编〉到〈中华人民共和国婚姻法〉》(法律出版社2010年版)等在研究民国离婚问题时曾将扶养作为其中的一个部分简要提及,徐静莉的《民初女性权利变化研究——以大理院婚姻、继承司法判解为中心》(法律出版社2010年版)、程郁的《清至民国蓄妾习俗之变迁》(上海古籍出版社2006年版)描写了妾的部分养赡情况。郭贞娣的《配偶的经济权利和义务:民国赡养案件中的婚姻概念(1930~1949)》是一篇系统论述民国时期赡养费问题的文章。她以诉讼档案为依据,通过论证女性受到高昂诉讼费用的制约、仅在上层女性因丈夫出轨时才可能在赡养费案件中胜诉等观点,最终得出“在法律的诸多领域,包括配偶的经济权利和义务,当时存在的阶级不平等常常将穷人排除在切实参与体现两性平等的正式制度之外”的结论,可谓视角独特。参见[美]郭贞娣:《配偶的经济权利和义务:民国赡养案件中的婚姻概念(1930~1949)》,载[美]黄宗智、尤陈俊主编:《从诉讼档案出发:中国的法律、社会与文化》,法律出版社2009年版。然而郭文主要引用最高法院或高等法院档案,在用基层档案予以印证时,难免发现诸多差异及许多可商榷之处。不能否认的是,此篇以档案为依据考察民国赡养问题的论文在寥寥的研究中仍具有很大参考价值。

扶养关系延续到婚姻关系结束之后,而扶养条款则适用于别居的配偶",①她将赡养与扶养分别对应配偶离婚和别居的情况。但事实上,民国民法条文从未做出如此区分,法条的原意是区别配偶间的赡养义务与家长家属间的扶养关系,但是实践中却常常混用,加之条款包含"妾"的相关问题②,基层司法中涉及配偶或家长家属间因婚姻或同居关系结束导致经济纠纷时的案件名称就显得异常混乱。许多有关赡养、扶养的案件不仅相互间"张冠李戴",也经常被冠以"生活费"的案由予以概括。而"生活费"一词,本只出现在十七年(1928年)解字第一四五号解释例"离婚之原因出于女子者,亦得审核情形,判给相当生活费"③中用以概述这一经济关系,实践中却被大量使用。除此之外,基层司法的案由中还有"抚养费""给付白米""给付黄谷"等名称。广义上的生活费案件含义更丰富,不仅包括赡养费、扶养费讼争,也涉及离婚时的损害赔偿。许多基层离婚案件最后统以"断给生活费"来述说意指损害赔偿的经济诉求。两造的范围也不限于夫妻、夫妾,还有妾

① [美]郭贞娣:《配偶的经济权利和义务:民国赡养案件中的婚姻概念(1930~1949)》,载[美]黄宗智、尤陈俊主编:《从诉讼档案出发:中国的法律、社会与文化》,法律出版社2009年版,第300页。

② 在民国民法中,妾的身份被认定为家属,所以夫妾之间的扶助内容原应适用家长与家属的扶养条款,但司法中却常比照夫妻的义务进行。"至民法亲属编施行之前妾与家长虽无婚姻关系,然就其因脱离家属关系以致陷于生活困难之情形,则与夫妻离婚无异。"[吴经熊编:《中华民国六法理由判解汇编(增订本)》,上海会文堂新记书局1939年版,补遗,第31页。(二十一年上字第二〇九九号)]这也造成即便法律试图通过明确的规定区别夫妻之间的赡养义务与家长家属之间的扶养义务,但赡养与扶养在官方的法律话语中仍然混同不清的局面。诸如民国二十二年的判例就明确提到:"……妾因判决脱离关系而陷于生活困难者,他方纵无过失,亦应准用民法第一千零五十七条规定,给与相当之赡养费。"[吴经熊编:《中华民国六法理由判解汇编(增订本)》,上海会文堂新记书局1939年版,补遗,第32页。(二十二年上字第一六三号)]"在亲属编施行前所置之妾,苟无过失而因与家长脱离关系,致生活陷于困难者,其家长纵无过失,亦应给与相当之赡养费,免致该妾骤然无以生存。"[吴经熊编:《中华民国六法理由判解汇编(增订本)》,上海会文堂新记书局1939年版,补遗,第32页。(二十一年上字第二五七九号)]虽然赡养与扶养混用在强调身份伦理的传统社会可能意味着"妻妾失序"的后果,然而民国从上至下的审判机构都没有表现出对这一细节的格外考究。

③ 吴经熊编:《中华民国六法理由判解汇编(增订本)》,上海会文堂新记书局1939年版,第560页。(十七年解字第一四五号)

与妻、妻或妾与翁姑。故而,此条款实可统称为生活费条款,规范因婚姻、同居关系结束引发的赡养或扶养义务问题。

二、生活费案件中的女性:女权话语的综合运用

白凯曾统计出20世纪40年代的离婚案件中仅有19%的女性提出赡养费要求。[①] 但与此不同的是,同时期四川荣县的离婚案件普遍涉及生活费诉求。不仅绝大多数女性主动提出的离婚案件会附加这一愿望,由男性提出离婚时,对方承担赡养费也成为女性同意离婚的条件,甚至部分别居或离婚请求的初衷可能就是为了获得一笔生活费用。这一种类的案件在四川基层的司法实践中十分普遍,民国荣县档案存有的专门的生活费案件有360多件,而在申请离婚或别居时附带提出生活费请求的又有近100件。

虽然法律明文规定赡养和扶养义务存在于配偶之间而不只是男性对女性的义务,但所有基层案例都显示,只有女性会额外提出生活费要求,生活费条款的主要受益者是女方。相较于立法者们对于女性处于弱势地位的认知,以及解释例司法例所实际体现的保护女性的初衷,诉讼档案勾勒的女性形象与男权社会的刻板印象已有较大区别。女性并非总是扮演被伤害抛弃、闭塞无知的单纯无辜角色,她们恰恰懂得如何利用性别优势最大限度地争取利益,懂得如何巧妙示弱以满足男权社会对于妇女的柔弱想象,进而争取法官的同情心。

麦柯丽在研究中发现,清代的寡妇常常寻找讼师以加强案件的胜诉概率,"她们利用了加强性别等级的法律,并将这些法律反过来在司法场景中为她们的利益服务"。[②] 而民国时期的女性手段已不限于通

① Kathryn Bernhardt, Women and the Law : Divorce in the Republican Period, in Kathryn Bernhardt & Philip C. C. Huang, eds. , *Civil Law in Qing and Republican China*, Stanford University Press, 1994, pp. 187 – 214.

② [美]麦柯丽:《挑战权威——清代法上的寡妇和讼师》,傅建奇译,载[美]高道蕴、高鸿钧、贺卫方编:《美国学者论中国法律传统》(增订版),清华大学出版社2004年版,第576页。

过诉讼代理人来表达权利诉求。藉由晚清至民国女权理论的传播发展,不仅知识女性明了婚姻自由为权利的重要内容,①基层妇女也受到影响。县域司法中女性主动提起离婚的案件数量之多正是佐证。她们不仅深刻意识到法律赋予的权利内容,更懂得借助理论武器为自己的请求增加合理性。在这些离婚、别居或是请求生活费的案件中,频频可见“恳赐察核法判,以维生计,藉彰女权事”“女权得彰”“以彰妇权”“为彰女权”等语。提出要求是彰女权,满足夙愿也是彰女权,反之,若是诉求得不到支持便隐含着裁判官不助进女权的道德谴责。因此,即便裁判者仍具有男权思维,女性也未必全然理解“女权”的含义,还是要在词状中将个人欲望置于时兴的权利语境之下。

此外,一些人还特别强调自己的女性身份以传达性格柔弱、易被蒙骗的信息,故有“氏乃一弱智女流倘任长此以往难堪拖累”“係为妇流智识浅薄”等语,②为其“不懂法律”“不通法律”寻找理由。事实上,她们不但通法律,也懂得如何利用法律抗辩。在“王周氏诉王子渊关于离婚一案”中,王周氏的诉状就援引民法的相关规定清楚写明了不服判决的理由:“查司法院十七年解字第一六号内开,‘结婚离婚,绝对自由’,但对于女子,得给以相当之生活费,足见既称离婚,当亦合于民法第一千〇五二条各款之规定,始得脱离。既合脱离,当然应照院解判给以生活,原判□□□竟判无一生活费,不折服者二。”③

尽管书面的诉讼话语可能有专业律师的手笔而不能完全等同于女性的真实思想,一些庭讯记录仍显示了她们如何将生活费的诉求视为手段。在“胡世容与陈光远的离婚案”中,胡世容及其家人只有确认了生活费归属才愿意离婚。

问(胡世容):你不要生活费可以和解吗?

---

① 参见陈利兰《中国女子对于婚姻的态度之研究》(载《社会学界》1929年第3卷)的统计。

② “刘张氏谷白驹关于杀人一案”,民国荣县档案,案卷号9-17-002,四川省荣县档案馆藏。

③ “王周氏诉王子渊关于离婚一案”,民国荣县档案,案卷号9-08-702,四川省荣县档案馆藏。

答:我请求他偿还我的生活费及还我的嫁妆。

问(陈光远):你可以多少给他一点生活费吗?

答:他曾拿了我很多东西,现在连我母亲侄儿等生活费都无着,我实在无钱给他。

问(胡世容):不要生活费你愿意和解吗?

答:没有生活费我不愿和解。

问(胡世容父):胡世容是否是你的女儿?

答:是。

问(胡世容父):她与陈光远的离婚事件你可以与她作主吗?

答:我可以与她作主,但陈光远无故与她离婚也要给她生活费才可以。①

"王周氏与王子渊的离婚案"也是这样。

问:你们上诉要如何请求?

答:王周氏不愿离婚,纵然王子渊要离婚,也要拿点生活费与他。今天他不来到案,是故意拖延的,请早日判决。②

赵张氏的丈夫赵良臣提出离婚后,她先义正词严地表示:"离婚结婚虽属绝对自由但其既非两愿,法院亦应稍加限制,不然婚姻儿戏,吾国固有之道德不堪维系矣。"接着话锋一转,提出"请以别居给付扶养,兹为两全之道。且下有七岁幼女相依为命,应请判决从优施恩体恤。着令被上诉人给付赡养费田业十石或相当金钱以为终身母女生活之费"。③ 而在另一起"刘张玉良诉刘其昌关于离婚一案"中,刘张玉良的动机可能就是获得一笔额外收入。档案显示,她在收到刘其昌的生活费后,迅速与其和好:"刘其昌名下和解生活费洋五十万元正,经凭证

① "陈光远诉胡世容关于离婚一案",民国荣县档案,案卷号9-07-629,四川省荣县档案馆藏。

② "王周氏诉王子渊关于离婚一案",民国荣县档案,案卷号9-08-702,四川省荣县档案馆藏。

③ "赵张氏诉赵良臣关于离婚一案",民国荣县档案,案卷号9-18-512,四川省荣县档案馆藏。

亲领入手并无少分角仙自兹以复,夫妇和好如故,特立领约一纸为据。"①

当时的报纸曾称"女子们以结婚为职业,赡养费即是退职金",②"因索取离婚赡养费之目的而结婚者不乏其人",③乃至用"敲诈赡养费者"④予以概括,并出言讽刺:"聪明的小姐,你何必这样悲伤,他既然不能爱你,离婚就好了,何况又能得到一笔很多数目的赡养费呢!"⑤

可见,目的不纯的赡养费请求并不止于四川基层。对于女性所强调的性别优势,男方也曾提出质疑。"李熊氏诉李济州案"即是如此。李熊氏是李济州后娶之妾,她自称不堪其妻子之虐待,于民国三十年(1947年)六月经族亲见证与李济州书立异居合约,由李济州每年给付生活费旧量租谷十石。然而今年李济州只付六石,故而请求其将所剩四石还清。原告认为:"被告祖遗谷田四百挑之钜,何较此区区之数。"⑥李济州则辩称,二人所订立的合约中早已写明"有天乾水溢少以五石为限,如无收益由民酌量给与生活等语",加之"去前两载俱属旱年,该浅松林业在三十年仅收租二石三升,三十一年仅收租七石,若迭除粮谷,该氏每年只能进五石以下之生活,民于每年犹拨　六石已属十分过厚",因此不愿给付剩余四石租谷。然而裁判者仍以"原告係属女流自救能力薄弱兼值身怀有孕需□较多"为由"酌判被告给付原告生活费食谷三石以照平允"。对此,李济州表示强烈不满,他提出:"窃以受扶养者应受扶养程度当随负扶养义务者之经济能力状况而增减或免除……以能力论该原告正当年富力强实有谋生能力,以国家情势论则

---

① "刘张玉良诉刘其昌关于离婚一案",民国荣县档案,案卷号9-16-538,四川省荣县档案馆藏。

② 江雪:《赡养费问题》,载《女声(上海1932)》1935年(第3卷)第9期,第4页。

③ 佚名:《美国离婚赡养费问题》,载《法律评论(北京)》1929年(第6卷)第21期,第40页。

④ 堃之:《法官宣言抵制敲诈赡养费之妇女》,载《希望(上海1931)》1931年(第1卷)第4期,第54页。

⑤ 宋小翔:《聪明的小姐》,载《三六九画报》1942年(第17卷)第12期,第18页。

⑥ "李熊氏诉李济州关于给付生活一案",民国荣县档案,案卷号9-13-634,四川省荣县档案馆藏。

应努力工作自谋生活不容坐享其成。”认为对方年轻力壮应自谋生路，而不应借女性身份理所应当等待供养。

民国舆论称“现在男女平等之声浪高唱入云，男子反负此给与妻赡养费之不平等义务，实为不当。女子离婚后再婚，既得大笔赡养费，又得了新夫婿，实天下之大不平”。① 客观来论，“赡养费”的立法目的，是为女性提供生活保障，是对男女本不平等社会现状的补益，只是反被一些“聪明”女性利用。她们以“女权”为口号，对其内容进行剪裁，只希冀裁判者支持女性来“彰女权”而有意无意忽视了女权理论鼓励女性自立的意涵。其视野囿于如何最大限度实现个人利益，而非自主谋求女性的真正解放。她们的小聪明也体现出，女性并不都如印象般愚钝无知、处于劣势。有学者认为，“近代法律在移植西方法律制度的同时也移植了西方法律中隐藏的性别偏向……女性的语言习惯、因为社会性别分工所带来的社会经济专业知识的缺乏等，都让女性更难适应这种新的诉讼制度”。② 现实却证明，一些女性可能自发或在律师的指导下熟稔凭借性别差异获得同情，她们不但适应了新的诉讼制度，还游刃有余地利用法律促进女权的意旨在生活费案件中谋求优势，最终呈现为女性在生活费案件中略显狭隘却又不得不为的机巧策略。

三、生活费案件中的男性：以法律规避责任

面对女方提出的生活费请求，并非所有丈夫都会慷慨解囊。无论其经济状况如何，都会千方百计寻找规避义务的方式。与女性利用自身性别优势不同，他们找寻法律本身的规定，借以逃避生活费的负担。因判例有“夫妇无过失一方，因判决离婚而陷于生活困难者，他方纵无

---

① 笑影：《我对于“取消不平等离婚赡养费”的意见》，载《妇女共鸣》1929年第3期，第33页。

② 杜正贞：《晚清民国庭审中的女性——以龙泉司法档案供词、笔录为中心的研究》，载《文史哲》2014年第3期。

过失,亦付给付相当养赡费之义务,但其数额之核定,应予斟酌养赡义务人之身分资力及养赡权利人之需要以为标准"①的规定,所以证明自己无经济能力的"哭穷"和将对方塑造为过错方的"倒打一耙"便成为两种常用的手段。

首先是"哭穷"的策略。真正贫困的丈夫确实可以强调自己不具备赡养能力,富有之户也未必不能通过法律和习惯的差异宣扬财产的贫瘠,这一操作的空间来源于分家习惯与婚姻法认可的个人财产制之间的冲突。"中西社会对于财产的代际传承有着重要的区别。中国主要采取分家的方式,一旦子女成家,就在父辈生前完成对家庭财产的分配,从而实现开枝散叶般的家族扩散,而西方社会则主要在父辈去世之后进行财产分配,而与子女本身成年成家无关。"②从《大清民律草案》在中国的法律语言中引入"继承"一词开始,到《中华民国民法》"以西方继承法的体例,对家庭财产代际传承进行改造"③,一种生前死后的冲突在分家习惯与移植法律中逐渐形成。无论法律规定或民间习惯,传统中国的宗祧继承或分家析产,均不以被继承人死亡为要件,而移植的法律恰恰否认了生前继承的可能性。与此同时,基层社会仍延续着传统"同居共财"式生活模式,所以在理论上,子女即便成年成家也不可能从家庭资产中获得个人财产,除非以死亡为要件的继承开始。

中西财产制度差异引发的冲突对司法实践的影响并不局限于分产、继承等案件。在所有以个人财产制为前提的规范畛域,都会涉及如何清楚析明家庭财产与个人财产界限的问题。婚姻法也是如此,所有规定都以默认个人财产存在为前提,甚至整部法律都在做出摆脱宗族社会的尝试,从"大家族"回归"小家庭"。然而基层社会却并非都以法

---

① 吴经熊编:《中华民国六法理由判解汇编(增订本)》,上海会文堂新记书局1939年版,第560页。(二十一年上字第一三三号)

② 刘昕杰:《民法典如何实现——民国新繁县司法实践中的权利与习惯(1935~1949)》,中国政法大学出版社2011年版,第78页。

③ 刘昕杰:《民法典如何实现——民国新繁县司法实践中的权利与习惯(1935~1949)》,中国政法大学出版社2011年版,第79页。

律拟制的小家庭为单位运转，"同居共财"让个人与家庭的财产模糊不清。另一方面，即便社会生活中仍存在分家析产的实践，法律上也已经杜绝了财产生前转移的可能。所以财产的归属是被广泛利用的抗辩理由，经济优渥的一方常常在面对生活费请求时理直气壮地表示财产并不属于自己，从而逃避赡养或扶养义务。"程辜玉常诉程仲良关于生活费一案"即展示了被告程仲良如何依靠惯习与法律的冲突为自己谋求利益。

此案原告程辜玉常称，"我嫁与程仲良已九年，生一子，仲良近日娶一妾，与我反目"，①二人已别居。因无生活能力，"迫而告请判给异居生活各费"。程辜玉常唯恐被告"拉杂陈词，所有产业，大抵隐匿不报，冀图规避"，因此将自己所知的田产一一上报。她认为，程仲良家共有田产一百二十六石，仲良可分割田租四十石，因此请求判给生活二十石。程仲良则表示，"虽民父置有微末产业，但继承尚未开始，民无一石所有之可能，该原告伪词朦告，欲图分产，以供其自由滥败"，不愿付给生活费。被告之父程瑞之作证时也称本案被告是为伊子，"但继承尚未开始业权非属所有人"。审判官黄予言注意到，财产是否程仲良个人所有为争议核心，而继承尚未开始，程仲良没有取得个人财产可能性的答辩从法理上又无可挑剔，因此庭讯时，法官希望依照民间惯习确认财产归属，于是问："分家无有？"程仲良答："还无有分家。"司法处派员调查时发现，程家田业的佃户"均予不免碍难取具正式证明"，故而取证也是现实的难题。

经过重重调查与反复盘证，最终司法处判决："被告应将其产业内划拨（旧量）十石以作原告生活用度，诉讼费用由被告负担。"理由是："原告呈请判决给付生活费自属有理，但查被告父母俱在弟兄四人，所有田产经本处派员查明共计只有八十六石，租益应予酌判被告在其产业内划拨十石以作被告生活用度。"程仲良的策略虽未完全奏效，但也提示裁判官注意分别家庭与个人财产，一定程度减轻了自己

① "程辜玉常诉程仲良关于生活费一案"，民国荣县档案，案卷号9-12-199，四川省荣县档案馆藏。

的赡养义务。

第二种方式则是通过“道德污名”的方式将对方塑造为过错方。这种做法不仅有法可依,也因性的隐秘性难以辩驳,同时又因社会对女性贞节的苛刻要求而占据道德高点。大理院的判例载明:“因故意过失致婚姻应离者,负抚慰他造之义务”①;“请求离异之一造,如离异之原因不能归责于他一造者,对他造应负抚慰之义务”②。“民国民法”第1056条的规定也与之类似。于是常见女方以男方“遗弃”“重婚”等起诉离婚后,男方反指女方通奸在先致使感情破裂的例证。例如“刘林氏诉刘仲权一案”中,刘林氏称自己“经张吕氏介绍再醮与刘仲权为妻”③,但刘仲权完全否认了此种说法,反诬刘林氏为青楼女子,与人通奸是惯习:

问:你何年娶林氏为妻?

答:无所谓娶,林氏是一青楼浪嫚女子,廿五年与奸夫三裹肚在南门外被联保拿获处罚,我因青年惜花心切,不该怜念林氏与他有染,自研识以来家庭闻我与妓女同居将我逐出,彼时林氏与我情感深厚,同居至今我无异心。

问:你因何遗弃他?

答:我并未遗弃他是伊淫心未□与原来情人往还本年二月自□搬出去。

刘仲权还说,“同居未久林氏旧性难驯,每于深宵往龚某家男女聚读数夜不归,民苦劝不听,今正晋城又与一般滥娼往还经警察而挐获奖剃头游街示众”,仿佛自己全然无辜,二人感情破裂俱由刘林氏“不守妇道”所致。

又如“王傅德筠与王煜修离婚案”中,二人已被判离婚并由王煜修

① 吴经熊编:《中华民国六法理由判解汇编(增订本)》,上海会文堂新记书局1939年版,第560页。(三年上字第一〇八五号)

② 吴经熊编:《中华民国六法理由判解汇编(增订本)》,上海会文堂新记书局1939年版,第560页。(十七年上字第七〇八号)

③ “刘林氏诉刘仲权关于生活费一案”,民国荣县档案,案卷号9-09-504,四川省荣县档案馆藏。

承担一笔不太多的生活费。王煜修仍不死心,又以新事实为由提起控告:“据时间之考核,该被抗告人先有奸非事实,然后发生请求离异之案,不然,本案判决之未确定,该王傅德筠与刘四方,擅敢公然公开仪式而为重婚之事实,当经抗告人于威远县图家桥捕获,扭交警局,再有警局转送司法处检察官办理在案,经均有卷,足供调核,令本案既发生新事实及新理由,事实证据,均属确切,除另案请求法办外,依法提起抗告前来,理合粘请钧院检齐本案卷件,依法申送抗告法院考核,准予废弃错误之原判决,另为适法之裁定,用昭折服,而便遵照。”①“胡仙芝案”中,她的丈夫也“以诱奸诬告……妄捏攀诬,意图朦蔽”。②

与法律规定的夫妻间互负扶助义务不同,实践中只有女性提起生活费之诉。即便男方指出女性的过错也只是为了逃避或减轻自身的扶养义务而不是运用“权利”将生活费要求转嫁到女性身上。这可能是经济分工与社会心理所致。相较于女性“卖惨”,男方的“哭穷”显然更具法律依据,道德污名也让女方百口莫辩。女性利益的保障本仰赖两性通力合作,男方却找出种种理由拒绝施以援手。两性相处模式与经济方式被打破,女性可能从传统的压迫环境转向新的局促境地,因而立法者试图以法律的形式对女性的生存窘境予以强制救济。只是现实的复杂却证明,不是所有美好的初衷都能顺利实现。男方紧密围绕法律与习惯冲突展开的抗辩恰似以彼之矛攻彼之盾,而女性的技巧则明显寄希望于情感的倾斜。在双方的利益争夺中,赡养费条款立法目的能否实现,问题又被转移给基层裁判者。

四、生活费案件中的裁判者:超越同情的平衡

尽管生活费条款名义上是双方共同负担的义务,但考虑到中国社

① “王煜修诉王傅德筠关于离婚一案”,民国荣县档案,案卷号9-21-509,四川省荣县档案馆藏。

② “胡仙芝诉李仕龢关于离婚一案”,民国荣县档案,案卷号9-24-074,四川省荣县档案馆藏。

会的实际情况,这一法律实际上仅是女性权利条款。对于生活费案件的裁决,裁判者不仅需要从双方的诉讼技巧中抽离真相,也需审慎对待其中的性别因素。基层裁判者会上下一心“力求实现世界上很先进的女权之说”①,还是仅将生活费案件视为复杂政务中的普通类型,其实是立法目标能否最终实现的关键环节。换言之,法律赋予女性诸多权利,基层的司法裁判者也要予以贯彻,才能使助进女权的法律与女性的现实生活发生联系。

既往研究中有观点认为,女性提出生活费请求获得胜诉的比例并不高。李红英曾指出,“离婚的女方虽然按照法律规定也能获得相应的赡养费,但是其条件比较严格,所以在实践中获得赡养费的并不是很多”。② 也有学者将女性能否胜诉归结于其所处的社会阶层,如郭贞娣认为,“阶级和地位具有真正的决定性,出自名门望族的妻子固然可以成功地获得经济上的救济,而处于较低阶级的大多数妻子则通常无法获得对自己有利的经济判决”,并在此基础上细化案由对判决结果的实际影响,“在那些获得胜诉的扶养费和赡养费案件之中,单纯由不可容忍的虐待案件所引起的非常罕见”。③ 然而基层司法的生活费案件中表现出来的,则是大比例的女性都获得了法院的判决支持,并且与案由、女方的社会地位、经济状况并没有明显的关系。换言之,不仅富有的女性可能获得生活费,贫穷的女性同样会得到有利判决。男方的出轨行为会让法官支持女性的主张,虐待、不堪同居、遗弃等理由同样具有胜诉的可能性。女性的身份(妻或者妾)也不具有关键的影响力。

在统计的案例中,女性获得生活费判决的比例高达90%以上。超高的胜诉比很容易得出司法者因秉承儒家对女性的矜恤传统而报以

① 胡汉民:《胡汉民先生文集》(第4册),文物供应社1978年版,第1186页。

② 李红英:《从事实别居到法律别居:清代到民国时期夫妻别居的权利和义务》,载[美]黄宗智、尤陈俊主编:《历史社会法学:中国的实践法史与法理》,法律出版社2014年版,第147页。

③ [美]郭贞娣:《配偶的经济权利和义务:民国赡养案件中的婚姻概念(1930~1949)》,载[美]黄宗智、尤陈俊主编:《从诉讼档案出发:中国的法律、社会与文化》,法律出版社2009年版,第301页、第305页。

格外优容与同情的结论，或是承认他们也受到了法律助进女权的鼓励。然而综合所有因素却发现这一结果并不能以简单的"同情"二字概括，原因在于裁判者几乎采取了相同的策略与应对模式，即在两造间求取平衡来处理生活费案件。他们既不会因为女性的哭诉（生活无着、惨遭抛弃）完全满足她们的诉求，也不会无视她们的要求，即便有时双方的状词都是合理合法的，依然会有"各打五十大板"的判决结果。

下表简要统计了一些女性诉求标的与实际所得情况①：

案名	诉求	结果
范周玉芳诉范福寿	十二石	三石
程辜玉常诉程仲良	二十石	十石
刘林氏诉刘仲权	一千元	六百元
李熊氏诉李济州	四石	三石
张李蓬仙诉张李德玉	四百元	三百元
左周氏诉左泰阶	二千元	八百元
蒋李氏诉蒋弗康	被告所有三百石，酌量判给	每月三石

可见，在生活费案件中，无论请求生活费的一方是否真正"生活无着"，负有经济义务的一方又是否一贫如洗，都不会影响裁判官判令对方负担赡养费，却不完全支持女方要求的结果。即便双方都可以找出判例进行对抗，以使对方成为法律规范中的不适格主体，但这种判决结果看起来似乎并不需要完全符合法律的适用条件。于是就有了"藉由权衡以

① 以上案件分别引自："范周玉芳诉范福寿关于别居生活一案"，民国荣县档案，案卷号9－24－054；"程辜玉常诉程仲良关于生活费一案"，案卷号9－12－199；"刘林氏诉刘仲权关于生活费一案"，案卷号9－09－504；"李熊氏诉李济州关于给付生活费一案"，案卷号9－13－634；"张应青诉张李德玉关于扶养生活一案"，案卷号9－09－503；"左周氏诉左泰阶关于婚姻一案"，案卷号9－03－722；"蒋李氏诉蒋弗康关于给付生活费一案"，案卷号9－09－578，四川省荣县档案馆藏。

达成社会和谐"①的景象。

在判词中,不乏"教谕式的审判",如"查一夫一妻法有明文纳妾延嗣早经废止,立法备极平等,各国均称允洽。被告既娶王傅德�前,复接饶李二氏于后,醋海生波势所难免,意志不调破裂堪虞。号云不孝有三无后为大,但春不下种苗从何生"? 也有对双方经济条件的考虑:"张李蓬仙籍隶蓬溪,距家千里,一百五十元之款,不过勉敷旅费,其赡养费部分显属无着……其赡养费一项论情尤应□厚","未斟酌被告范献廷家庭状况与负担能力","就现有资产状况支出二千元之赡养费必至自己之生计陷于艰窘",更多则是"酌判被告给付原告生活费食谷三石以照平允"的平衡策略。

尽管判决结果中男方普遍需要承担女方生活费,但并不能简单得出裁判者对女性格外同情的结论。这可以从两个方面分析:裁判者之所以做出如此裁决,首先是考虑到社会的实际情况,即受经济习惯影响,妇女职业有限,其谋生方式及劳动能力确实逊于男方,因此在女性骤然脱离家庭后,需要必要的经济支持。其次则是因为,尽管法律规定了夫妻间种种财产制度,现实生活中基层女性的收入仍全部归家庭支配。"农村妇女目前的经济状况是……她们没有独立的财产,即使她自己的劳动所赚的财产,也列在丈夫的名下。"②而离婚时,罕见女性按照法律规定的财产模式提出分割财产。因而这笔名义上的生活费,表面上看是对今后生活的赡养或扶养费用,实则包含了共同财产处置、离婚过错赔偿及将来的生活扶助等多方面的内容。故而无论如何,只要女方提出要求,一般法官都会予以认可,而认可也是本着平允的精神,以修复女性在婚姻中的天然劣势。如若裁判者完全怀有对女性的同情与矜恤,那么其裁判大可以明显倾向女方,同意女方提出的所有要求,而不是普遍予以削减,哪怕男方具有雄厚的经济实力。立法中所谓助进女权,其实是着意推进

① [日]岸本美绪:《导言》,载邱澎生、陈熙远编:《明清法律运作中的权利与文化》,台北联经出版公司2009年版。转引自刘昕杰:《实用型司法:近代中国基层民事审判传统》,载《四川大学学报(哲学社会科学版)》2011年第2期。

② 郭箴一:《中国妇女问题》,上海光华书局1935年版,第161页。

男女平等。司法中看似支持女权,也只是为了平衡利益。

清代以来的基层民事司法的裁判与审断问题曾长期引起法律史学者的讨论,滋贺秀三、寺田浩明、黄宗智等学者都试图阐明基层裁判官的审断逻辑。当性别因素渗入案件的审理时,往往用儒家思维对弱者的矜恤来解释女性获得的有利结果,如赵娓妮认为,"裁断者对于'事涉妇女'的确表现出格外的谨慎,而所言'务存一分宽厚之心,妇女颜面最宜顾惜'正道出此种审慎态度之缘由"。① 问题在于,当男女平等被作为司法指针,并且有了新的女权理论充当工具时,这种理应"发扬光大"的照顾女性的思维是否还连续存在。仅以生活费案件的裁断来看,基层的裁判者并没有显现出对性别因素的重视和对女性的特殊同情。平衡的策略既出现在有女性参与的案件中,也出现在没有女性参与的案件中。生活费案件与他们处理的千千万万不同类型的案件一样,需要考虑到各方面的错综利益与现实生活的实际情形,而不会因为一方是女性就产生明显偏向的结果。女性看似在判决中处于优势一方,但这一地位并不是裁判者的同情带来的。她们只获得了原本就属于自己的份额,而没有受到特殊的照顾。基层的裁判者并不会刻意注意所谓男女平等,只是因为法律有了赡养费的规定,他们基于法律又在一定的裁量范围内一如往常般平衡双方的利益,依照现实情况,做出尽可能公正的裁决。

五、裁判后的执行难:女性谋求生活费的真正难题

白凯及郭贞娣认为,高昂的诉讼费是阻碍妇女进一步谋求权利的主要原因,许多女性因此望而生畏,"甚至在那些符合法定条件而可以寻求获得赡养费的妻子中间,大多数人也没有选择提出这类主张。这很可能是因为一个要求金钱给付的主张将会引发额外的诉讼费用,而她们无力

① 赵娓妮:《审断与矜恤——以晚清南部县婚姻类案件为中心》,法律出版社2013年版,第221页。

负担这些支出"。[①] 民国荣县档案却显示,诉讼费并不足以成为阻挡女性提出诉讼的主要原因。诉讼费是否高昂还需讨论,即便诉讼费不能被承受,她们也有至少三种方式规避,即延缓缴纳,待取得生活费后补足;请求判决被告负担;声明自己无力缴纳请求司法救助。

在荣县生活费案件中,提出生活无着而缓缴或请求司法救助的占两成以上。这也从侧面说明,尽管可能无力支付诉讼费用,女性仍然会提出诉讼。而通过诉讼获得金钱的实际支持恰是解决生活难题的重要手段。如前所述,女性大比例获得了判偿,那么要求生活费的主张会是一项低成本高收益的投资,并且投资的本金很可能由对方承担,诉讼费便不再是万千阻碍中的主要原因。例如"张应青诉张李德玉关于扶养生活一案"中,张李蓬仙表明自己"经济困难裁费无出,一切生活用度皆由借贷而来",恳求"准予依法救助"时,裁判官随即派员调查,证明属实后,他批示:"该张李蓬仙既无资力缴纳裁判费,并往保甲长协证属实,准予救助,仰候传讯察夺。此批。"并在最终的判决中判令"诉讼费用被告承担"。[②]

郭贞娣指出,"在直接起诉离婚和要求支付赡养费或者起诉别居和要求支付扶养费的案件中,如果未能足额向法院支付所需的全部诉讼费用,那么法院将以程序原因裁定撤销起诉"。[③] 以此作为女性因诉讼费用无法使案件进入裁判程序的现实因素。实践中的确有因未缴纳诉讼费用而被撤销的案件,然而这仅是裁判者依照法律程序做出的裁断,并不能推论出撤案的原因全然由原告穷困导致。如"朱吴氏诉吴应柏关于生活费一案"中,朱吴氏被丈夫砍伤后离婚,随即要求生活费。此案确因朱吴氏逾两月不缴诉讼费而被裁定驳回,然而朱吴氏很快言明自己只是

---

① [美]郭贞娣:《配偶的经济权利和义务:民国赡养案件中的婚姻概念(1930~1949)》,载[美]黄宗智、尤陈俊主编:《从诉讼档案出发:中国的法律、社会与文化》,法律出版社2009年版,第303页。

② "张应青诉张李德玉关于扶养生活一案",民国荣县档案,案卷号9-09-503,四川省荣县档案馆藏。

③ [美]郭贞娣:《配偶的经济权利和义务:民国赡养案件中的婚姻概念(1930~1949)》,载[美]黄宗智、尤陈俊主编:《从诉讼档案出发:中国的法律、社会与文化》,法律出版社2009年版,第303页。

忘记缴纳而非故意拖欠,“仰即明白补正并缴纳裁判费”,①请求再次启动司法程序。郭贞娣还认为诉讼标的门槛也增加了维权的难度,“在法院强制规定了最低诉讼费用的给付要求时,那些寻求获得相对数额较少的赡养费或扶养费的妻子们也会被拒之门外”。② 实践中也的确有这样的例子,王罗德章的上诉正因此被反驳:“由上诉人给付被上诉人谷十石七斗业经本院嘱托四川荣县司法处查明,该谷在起诉时每石值法币四百元,是上诉人对于原法院维持第一审判决之判决提起上诉其所得受之利益显係不逾万元,依上说明其提起之上诉自非合法。”③但民事诉讼法的相关条文只规定了二审的最低标的而从未针对基层案件,“对于财产权上诉讼之第二审判决,如因上诉所得受之利益不逾五百元者不得上诉”。④ 因此一起普通的案件即便标的不高也会被受理。

以上案例表明,诉讼费并不是阻碍女性在生活费案件中获得实际利益的主要原因,至少不是最主要的原因。真正的难题实则源于案件判决之后的执行。无论男方经济条件如何,一旦被判给付生活费,都会百般拖欠,反复告争。大比例的执行困难,才是生活费条款没有能够为女性提供支持的现实原因。

在荣县生活费案件中,判决最终得以执行的比例不超过三成。绝大多数判决因为当事人坚持不履行而基层司法机构又缺乏相应强制力而长久处于有判决无执行的尴尬局面。执行难的原因一方面是普遍经济困难,可以想见,在偏僻的基层乡村,即使是男性一方在维持自我生计方面也力不从心,遑论支付女性的生活费。例如“左周氏诉左泰阶关于婚姻一案”中,被判负担赡养费的左泰阶“受天旱及预征粮税负债已至银

① “朱吴氏诉吴应柏关于生活费一案”,民国荣县档案,案卷号 9-09-505,四川省荣县档案馆藏。

② [美]郭贞娣:《配偶的经济权利和义务:民国赡养案件中的婚姻概念(1930~1949)》,载[美]黄宗智、尤陈俊主编:《从诉讼档案出发:中国的法律、社会与文化》,法律出版社 2009 年版,第 303~304 页。

③ “王罗德章诉王刘碧梧关于生活费一案”,民国荣县档案,案卷号 9-12-201,四川省荣县档案馆藏。

④ 《六法全书》,吴经熊校勘,上海法学编译社 1935 年版,第 407 页。

一千三百余元钱一万三千余钏,所余资产已属无几”[①],同时“同居亲属尚有尊属卑属七八人”,“尚应扶养全家之生活,何能负担赡养义务”。裁判者根据实际情况减免了他的生活费义务,然而由于左泰阶经济情况的限制,即便反复讼争,左周氏始终无法得到判决应得的赡养费。

另一方面,一些有经济能力的当事人也长期拒不执行判决。如在“梁龙氏诉梁学海关于请求生活费一案”中,判决虽明确“被告给付原告母子生活费洋四百元,诉讼费用由被告负担”,[②]然而拥有“滥保坵瓦厂头及罗家塆相联十余业田产”,每年“共收谷租三百余石”的梁学海,却迟迟不履行判决。梁龙氏认为,相比梁学海的庞大产业,“区区之数不难即缴”,对方却拖欠给付,二十日限期已过,仍“违抗不遵缴”,以致梁龙氏“母子口粮断绝,受饥寒之迫,朝夕难过情惨痛急”,因此请求强制执行及救助。执达员詹春和与队丁饶锡如随即凭票传讯梁学海,令人意外的是,梁学海虽然署名签字却用诈计脱逃。詹春和的报告中写道:“伊称无钱缴送达等费,梁学海又称出外借钱缴费,随警进城候审。殊伊一去未归,不知逃何处,至临期无从送审。”梁龙氏闻讯气愤异常,认为梁学海逃脱是“办公舞弊”,裁判官只得无奈批示“已再勤传矣”。后来梁学海被找到,被“收入看守所追缴仍然不缴”,梁龙氏屡次呈交诉状,控告梁学海“拖延至今”,以致“临时生活朝夕无度”,却依然无计可施。碍于司法资源与技术手段均有限的现实情状,执行难题往往不了了之。所以不仅梁龙氏,许多获得胜诉结果的女性都不得不再三请求,“煜修虽表面承认,但前拖后扯总不按月给付,曾经叠凭街邻茶论可查”,[③]反复词讼极大消耗她们的精力,但这一情形始终无法得到改善。

---

① “左周氏诉左泰阶关于婚姻一案”,民国荣县档案,案卷号 9－03－722,四川省荣县档案馆藏。

② “梁龙氏诉梁学海关于请求生活费一案”,民国荣县档案,案卷号 9－08－631,四川省荣县档案馆藏。

③ “王煜修诉王傅德筠关于离婚一案”,民国荣县档案,案卷号 9－21－509,四川省荣县档案馆藏。

六、余　论

晚清以来的中国法律近代化进程中,立法者意图以具有权利法形式和人道意涵的法律制度取代固有伦理法生成新的社会秩序,从而使家族本位逐渐向权利本位过渡。女性的利益作为其指向的主要对象,在父权与法权,家族与国家间反复摇摆。因此,即便家庭场域获得了婚姻自由、继承权利等较之前广阔的权利,也不意味着她们拥有真正的独立与自由。回归现实生活后,法律能否保障权利的最终实现,这些权利又能发挥多大的效用,其情形不容乐观。

生活费条款制定的初衷,在于为骤然从家庭中脱离出来的女性回归社会提供缓冲,是立法者在社会习惯与移植法律间求取的平衡。但这一本心究竟保护了女性还是加剧了女性的附庸地位,将她们推向了更不平等的境地,还要结合社会的实际情况进行具体考察。生活费案件提示出,法律与女权的互动情况非常复杂,身处其中的每个角色都具有多重面向。首先,当事人并不是任人摆布的木偶。女性懂得利用性别优势和曲解权利理论为自己博得同情,并非都如印象中软弱可欺。男性也不会配合实施,他们找到法律与习惯的冲突之处巧妙抗辩。其次,司法裁判者并未展现出对法律精神的看重而对女性施以额外的矜恤与同情。尽管女性普遍获得了胜诉的结果,但这不过是裁判者平衡策略的体现。最后,执行困难是阻碍女性获得实际支持的原因,而不是以往研究所认为的诉讼费。因此,至少在生活费案件中,意图为女性提供现实利益的法律并没有令她们获得预想中的保障。

诚然,诉讼档案(而且还是个别地方基层的档案)并不能反映当时女权问题的全貌,但至少提供了观察基层女性境遇的视角。对于评价近代以来法律与女性权益的关系,不能简单得出肯定或赞扬的结论,即认为民国法典扩张的女权是亘古以来的巨大进步,也不应止于探究权利形式及内容的进退,即她们得到了何种自由又失去了哪些隐形保障;而要更进一步讨论,司法实践中女性能否运用法律赋予的权利并让权利发挥改善生活的实际作用,意在保障女性利益的法律是否与女性权利的最终目标一致,是否真的促进她们实现了性别独立与自我解放。如若不然,是立法的本意出现偏差、司法中未见执行,还是现实生活遇到阻滞。置于民国时期的语境,权利的意涵究竟是帮助女性获得现实保障还是长远的独立地位,都值得反思。女性不是被塑造的形象,只是令人惋惜的是,无论其自身的智谋程度如何,最终的命运仍不可避免地被大势所影响,而不是掌握在自己的手中。

《法律和社会科学》(2018)
第17卷第1辑,第107~133页

近代地权的分化

樊　勇*

摘　要:永佃与“一田两主”是近代地权分化的典型结构。地权分化是以经济逻辑为主导、宗族伦理准则为辅助,通过农地流转在不同路径上展开的。首先,以开垦的普通租佃关系为起点,佃户的劳动投入使其获得持续利用农地以获得报偿的权利,以至于最终排除原业主的管业。其次,一般在租佃关系中,定期定额制、地主不在等造成地主处于管业权弱化的离地状态,佃户通过霸佃或农地流转及地主逃离时耕作等行为促成地权进一步分化。最后,全业主迫于经济压力,以自卖自耕、抵押、押租等方式,主动出让田底或田面,直接形成地权分化。近代国家为实现有效征税和土地法律现代化,以国家法的形式替代宗族伦理准则对传统地权结构进行的改造,使地权结构陷入不稳定的状态。

关键词:地权分化;管业权;耕作权;民事习惯;历史社会法学

---

* 中国人民大学法学院博士研究生。本文写作获得中国人民大学“中央高校建设世界一流大学(学科)和特色发展引导专项资金”(项目批准号:15XNLG06)的支持。

一、地权分化:问题与方法

(一)问题的提出

观察农村改革的重要线索之一是地权结构变迁。改革开放初期,由基层实践推动,最终获得中央和地方政府认可的家庭联产承包责任制广泛开展。土地所有权与承包经营权分离的地权分化结构,满足了农民自主经营、获取剩余收益的制度需要,农业生产力迅速提高,成功地帮助政府"甩掉财政包袱"。随着农民对农地支配自主性增强、人地匹配变化以及经营能力差异等因素的出现,农地流转的内生需求愈加凸显。据学者2007年对全国10个省区市的调查,期望以各种方式流转农地的农户占78.71%。[①] 即使诸多法律已经为农地流转提供了制度空间,各地试点不断,但因农地承载着特殊的功能与象征意义,政府始终谨慎对待。据农业部对全国30个省区市的调查,截至2012年,家庭承包耕地流转率达21.2%。[②] 全面深化改革时期,坚持农村土地集体所有权、稳定农户承包权、放活土地经营权的"三权分置"新地权分化结构正在形成。[③] 土地经营权成为农村产权流转交易市场的交易产品,可以采取出租、入股等方式流转交易。新时代的地权分化结构是国家推动农地流转的重要操作方案,一旦辅以足够的配套制度,会对农村地权结构产生深远影响。

---

① 陈小君等:《农村土地问题立法研究》,经济科学出版社2012年版,第10页。

② 农业部农村经济体制与经营管理司:《2012年农村土地承包经营及管理情况》,载农业部网:http://www.moa.gov.cn/sjzz/jgs/tjxx/201307/P020130718579387186343.doc,2017年11月7日最后访问。

③ 中共中央办公厅、国务院办公厅2016年10月30日印发的《关于完善农村土地所有权承包权经营权分置办法的意见》明确提出,"三权分置"是农村基本经营制度的自我完善,是继家庭联产承包责任制后农村改革又一重大制度创新。

对中国农村改革路径的解释与选择,学界存在广泛争议。[①] 虽然不同学科和学者因研究方法和理论前见差异,得出了不同价值倾向的结论,但均不同程度地认同历史叙述的视角,关注土地聚散周期与政治、经济的历史互动,分析历史样本的地权结构的发生与形成,反思当下农村土地制度变革。在私法研究领域,以一手历史资料为素材研究农地问题,分析本土资源中蕴含的文化智慧与制度资源的成果相对较少,本文是在这一层面作出的探索。本文关注的问题是,近代高度发达的地权分化结构是怎样的,是如何形成的,国家法如何应对。下文将依次展开论述。

(二)分析的素材

本文使用的主要分析素材为《民事习惯调查报告录》(以下简称《报告录》),系1930年由前南京国民政府司法行政部编印,中国政法大学出版社根据1969年台北进学书局影印本出版的点校本。[②] 为准备立法并供司法执法参考,清末政府曾组织数次全国范围内大规模民商事习惯的调查。1918年至1921年北京国民政府时期,调查的具体运作相当规范:中央由司法部总负责,各省区在高等审判厅内设"民商事习惯调查会"专门负责,司法机构全员参与,调查会对习惯调查的各种事项均有详细规定。[③] 1926年前后,北京国民政府司法部曾组织对清末民初民商事习惯调查资料进行大规模整理、编纂,但因北洋政府倒台半途而废。1930年,南京国民政府进行了最后一次整理,司法行政

① 有学者主张"产权重建"、经济发展"软着陆"的温和改良论,亦有学者主张集体土地应收归国有,有学者针锋相对地主张集体土地私有化。苏力教授指出,"中国农村改革的制度创新产生于传统本土资源,其之所以成功和'容易',不是因为打断了传统,而是因为在很大程度上回归了传统"。参见苏力:《法治及其本土资源》(第3版),北京大学出版社2015年版,第18页。这一观点拓展了农村改革路径解释的历史视野。

② 原书名为《民商事习惯调查报告录》,但其内容不含商事习惯,点校本将书名改为《民事习惯调查报告录》。参见前南京国民政府司法行政部编:《民事习惯调查报告录》,胡旭晟等点校,中国政法大学出版社2005年版,第1页。

③ 胡旭晟:《20世纪前期中国之民商事习惯调查及其意义》,载前南京国民政府司法行政部编:《民事习惯调查报告录》,胡旭晟等点校,中国政法大学出版社2005年版,第1~14页。

部将前北京政府司法部编《民商事习惯调查录》之民国时代的民事部分酌加修订后先行付印,形成此书。《报告录》记载的主要是1918年至1921年的全国调查成果,①因调查范围广且操作规范,具有较高的参考价值。需要说明的是,报告使用的概念术语多以《大清民律草案》为蓝本,受到清末立法技术的限制,一些概念直接套用域外法典,与我国实践不符,②调查员法学教育背景不同,使用概念术语较混乱。本文述评时按照实际描述进行类型化区分,可能与原文概念术语不同。

二、地权分化的典型结构

管业与耕作是农地经营的基本分工,也是地权的主要内容。当管业与耕作的权利归于同一主体时,农地是该主体的全业。全业主可以任何方式利用农地,自主决定农事,获取收益。但人地不匹配与完税压力使业主考虑扩大或缩小耕作的范围,经济条件好转的农户可能考虑扩大管业的范围,地权由此分化。

地权分化的最简单形态是普通租佃关系中形成的管业与耕作分离的结构。一般依照租约,承佃人可在一段时间内耕作农地,收益的一部分作为对价交给出佃人;出佃人收取田租,完纳赋税;承佃人不得私自将耕作交租的权利义务转让他人,否则,出佃人可以收回耕作权。③普通租佃中管业与耕作的联系比较紧密。为保证按时获得租粮,出佃人

---

① 本文主要参考的"物权习惯"部分,涉及直隶、奉天、吉林、黑龙江、河南、山东、山西、江苏、安徽、江西、浙江、福建、湖北、湖南、陕西、甘肃、热河、绥远、察哈尔16省3特别区(占当时全国22省4特别区的72.7%和75%,未报告的区域是位于西北、西南、华南等边远地区),超过647县(部分报告多县合署且未标明具体县域,均按照一县统计)的1389则习惯。

② 张生:《清末民事习惯调查与〈大清民律草案〉的编纂》,载《法学研究》2007年第1期。

③ 租佃契约范例,参见杨国桢:《明清土地契约文书研究》(修订版),中国人民大学出版社2009年版,第29~40页。

会监督承佃人是否有懒惰、抛荒、私自转佃等情况，有些还指挥农事，[①] 一旦承佃人违背租约规定或拖欠租粮，出佃人即撤佃。承佃人有可能被撤佃的预期，因而勤勉耕作，遇到灾荒年可与出佃人商议减租。

普通租佃中管业与耕作的界限并不清晰，随着农地的开发利用与流转方式的变化，二者的分化趋势愈加明显。永佃与“一田两主”便是地权分化的两种典型结构。

（一）永佃

据学者考证，宋代初期主佃双方竞争严重，地主片面决定更换佃户，佃户片面毁约，造成普通租佃极不稳定，影响农业经营。[②] 为稳定租佃关系，民间自发签订定期定额租佃契约，在此基础上形成永佃。[③] 学界普遍认为，至迟在明代中叶永佃已流行于东南省份，清代扩展至全国，有“长耕”“世耕”“永耕”“长租”“永佃”“永远耕种”“永远给种”等不同称谓。[④] 民商事习惯调查中不同地域都报告了永佃习惯。

直隶天津县第一：永佃权人每年给土地所有者每亩纳佃租洋五、六角或一、二元不等，遇有丰歉年岁，并不增减租金；至履行佃租之日期，普通以阴历十月初一日为限，若永佃权人届此期间怠于支付佃租，则土地所有者得声明夺佃；至于永佃权存续之期间，契约上多不注明，惟有倒东不倒佃之规定，据此，则永佃权有永久之性质也。[⑤]

甘肃省第三：长租契约，地虽易主，如新地主未表示撤佃之意思，以其前契约视为继续有效。按：此种租佃权有永久存续之性质，佃户固不能阻止业主不处分地土，如不欠租，亦不受所有权转移之影响。[⑥]

---

① 黄鲁珍：《鲁南临、峄、滕三县的租佃制度》，载中国农村经济研究会编：《中国农村描写——农村通讯选》，生活·读书·新知三联书店2012年版，第69页。

② 赵冈：《历史上的土地制度与地权分配》，中国农业出版社2003年版，第256页。

③ 张亮：《民国时期永佃制的结构与功能新探》，载《学术界》2014年第12期。

④ 杨国桢：《明清土地契约文书研究》（修订版），中国人民大学出版社2009年版，第71~72页。

⑤ 《报告录》，第11页。

⑥ 《报告录》，第311页。报告中的按语是调查员的评注。

杨国桢教授指出,永佃“保护了佃农的生产积极性”,[①]以上两例可以看出是其显著的稳定性特征发挥了作用。首先,佃户向地主交还的收益是定期定额的,且丰歉不增减,可以使佃户对地租形成稳定的预期,激励其提升生产能力与经营水平,增加收入。其次,只要佃户未拖欠地租,即使农地交由他人管业,“倒东不倒佃”,地主不得夺佃,佃户可继续耕种。这种做法使佃户对租期形成稳定的预期,激励其增加农地的长期投入,提升地力。

民商事习惯调查表明,佃户可以随时退佃,侧面保障佃户自主稳定经营的实现。佃户可以自主选择农地经营模式,促进农业的商品性发展。

甘肃陇西县第二:纳团租能年年如约者,业主不得夺回其田,佃户之退与否,则可自由。[②]

笔者认为,永佃也为地主提供了足够的保护。首先,定期定额的收益分配机制将风险彻底转移给佃户,稳定的取租预期使地主不必过问农事,可专注于自己的全业或其他事业。其次,为保障地主的取租权利,防止佃户懈怠、抛荒,地主可以因佃户拖欠地租而撤佃。最后,与普通租佃一样,禁止佃户私自转佃,[③]维持主佃关系的稳定,避免新佃户带来的信用风险。

永佃将主佃间管业与耕作的分离长期化,形成了权利义务较为均等的地权结构。相较于普通租佃,佃户不仅掌握耕作的权利,还将权利有效的期间在不主动违约的情况下扩展到无限长,加之主佃间收益分配的时间额度明确,使佃户耕作权利的稳定性、自主性大大增强。地主的管业范围进一步缩小,不再介入农业经营,只承担完税的义务,享有取租的权利,并通过撤佃的可能性约束佃户依约交租、不得转租。各方的利益需要都得到满足,并相互制约以保障权利的实现。整体上看,佃

① 杨国桢:《明清土地契约文书研究》(修订版),中国人民大学出版社2009年版,第76页。

② 《报告录》,第322页。类似“只许客辞主,不许主辞客”“许退不许夺”的习惯,参见直隶清苑县第五,《报告录》,第15页;山西五寨县第二,《报告录》,第139页。

③ 例如福建南平县第四,《报告录》,第238页。

户对农地的利用权利趋向饱满，而地主与农地的联系基本被切断，随着耕作的持续和农业经营环境的变化，这种稳定的结构可能被打破。

（二）“一田两主”

“一田两主”在清代的迅速发展是永佃广泛实行的结果。[①] 当地主不能有效约束佃户在耕作之外的行为时，原有的均衡状态被打破。佃户的权利远超耕作的范围，继续纳租的同时，趋向掌握全业，而地主除取租外的管业权都被佃户吞噬。由此，同一块农地上出现两个业主，原地权彻底分化为田底权与田面权两个独立的地权，权利的流转变化“不会引起其他任何一方权益的任何消长”。[②]

赵晓力教授提出，“一田两主”与永佃的区别是佃户能否自由转让耕佃的土地，以及欠租能否成为撤佃的理由。[③] 民商事习惯调查还提供了一个区分标志，当田面主交回田面、两个业主解约时，田底主须给付“地价”，但永佃中至多退租。

江苏省第六：遇有解约事实发生，业主即酌退相当地价（退还价额照田价四分之一左右），此项习惯为一般人所共守，其效力甚为强大。[④]

“田底”与“田面”不是农地实物的区分，而是形象化的表达，二者的区别是权利内容不同。田面权的逻辑是全业与租佃关系并存，[⑤]田面主拥有农地上所有权利的同时，需要向田底主交纳定额地租。由于无法干预田面权流转，无法因欠租撤佃，在实践中田底主对农地不存在任何支配。田底主的收租权类似于政府的收税权，但缺乏强制力，即使

---

① 梁治平：《清代习惯法：社会与国家》，中国政法大学出版社1996年版，第84页。“一田两主”主要分布于南方和北方部分地区，各地对田底权与田面权的称谓不同，参见杨国桢：《明清土地契约文书研究》（修订版），中国人民大学出版社2009年版，第100～101页。本文除直接引用外，统一使用“田底权”与“田面权”。

② ［日］仁井田陞：《明清时代的一田两主习惯及其成立》，载刘俊文主编：《日本学者研究中国史论著选译》（第八卷·法律制度），中华书局1992年版，第410～411页。

③ 赵晓力：《中国近代农村土地交易中的契约、习惯与国家法》，载《北大法律评论》（第1卷第2辑），法律出版社1999年版。

④ 《报告录》，第146页。

⑤ ［美］黄宗智：《法典、习俗与司法实践：清代与民国的比较》，上海书店出版社2007年版，第86页。

欠租也只能诉求追索,不能撤佃。① 田底主与农地关联的重要标志是地籍资料中的登记,②依靠完税维持。对于田底主,税赋更像是一种保险,一旦发生灾难,农民逃亡,根据地籍资料中的记载田底主有可能收回农地。③ 可见,在管业与耕作分离之后,佃户逐步支配土地形成了具有支配性的田面权,而地主的管业权抽象成田底权,失去支配力的地主逐渐被边缘化。

维持"一田两主"的地权结构,不可能遵循农业经营内在的经济逻辑,更多是依靠传统乡村社会的伦理准则。开弦弓村的田面主认为交租是一种道义上的责任:"我们是好人,我们从不拒绝交租。我们就是穷,也不会去偷东西,我们怎么会拒绝交租呢?"④但面对萧条的农业经济、陡增的租税负担以及兵祸、天灾,伦理准则的维持是脆弱的,从而为国家法的介入留下空间。

田底权与田面权如何实现独立自由流转?首先,田底权可以属于任何主体,田底权流转不为自用,而为收益。费孝通先生观察到,田底权"可以像买卖债券和股票那样在市场上出售"⑤,以致田底主自己都不清楚农地的位置。熟人社会中碍于人情、面子也缺乏信贷的契约基础,⑥加之本地人熟知田底权的实现缺乏保障,因此,乡村内难以找到愿意接收田底权的农户,⑦田底权多流向城市里的投资者。而田面的

① 赵冈:《历史上的土地制度与地权分配》,中国农业出版社2003年版,第264页。赵冈教授认为田底权的出现是中国产权观念的一次革命,产生了抽象的产权。参见赵冈:《永佃制研究》,中国农业出版社2005年版,第32页。

② 地籍资料包括鱼鳞册、粮册,记载地主信息、田产编号位置、土名、面积、四至、税则等。但由于清丈失败及农地流转频繁、地权结构复杂,地籍资料不一定能准确显示权属信息。参见赵冈:《历史上的土地制度与地权分配》,中国农业出版社2003年版,第266~272页;[日]长野郎:《中国土地制度的研究》,强我译,中国政法大学出版社2004年版,第166~169页;[日]森田成满:《清代中国土地法研究》,牛杰译,法律出版社2012年版,第60~65页。

③ 赵冈:《永佃制研究》,中国农业出版社2005年版,第48~49页。

④ 费孝通:《江村经济》,戴可景译,北京大学出版社2012年版,第168页。

⑤ 费孝通:《江村经济》,戴可景译,北京大学出版社2012年版,第166页。

⑥ 张佩国:《近代江南乡村地权的历史人类学研究》,上海人民出版社2002年版,第282页。

⑦ 赵冈:《永佃制研究》,中国农业出版社2005年版,第108页。

流转受到宗族观念中资源独占思想的影响,多局限于“村级流转市场”。[①] 其次,田底权与田面权的价值是不同的。

福建连城县第一:连邑田产收益,大都主佃各得其半;然肥沃者往往佃占八九,主得一二,历时既久,佃户发生田皮权,得以典当与人,偶有争论,业主不得干涉,即官府亦难依法判理,因有“金皮银骨”之称。[②]

江西赣南各县第三:借耕之人既交田主骨租,复交佃人皮租,为五十亩之田,岁可获谷二百石,俗谓之“四勾之田”,则以五十石为骨租,以七十石为皮租,借耕之人自得八十石;然多寡亦微有不同,大概以三分之二作皮骨租,皮多骨少,遂使一般农民均趋重田皮,田主只知向佃户征收原议额租,并不知其田之所在。[③]

“金皮银骨”描述出田底权与田面权的收益差异,虽然二者相互独立,但田底权的实现前提是田面的收益,因而田面的流转必然影响田底主的利益。[④] 前引两则习惯也可以看出,田底权内容单一,但田面权可以继续分化。田面主将农地出佃,获取田租,成为“二地主”。田底权和田面权成为不同层次的收租权,佃户获取稳定的耕作权,这种地权结构被称为“一田三主”。在进一步分化的过程中,田底主的收益愈加难以实现,如果田面主与农地的联系继续疏远,其掌握的田面权也会被边缘化,分化出“一田四主”。[⑤]

上述分析可以清楚地发现地权分化的趋势:在传统社会注重实用的思维模式下,地权的核心是耕作权,如果不能有效约束佃户在耕作之外的行为,随着佃户经济地位的提高,会出现久佃成业、地权分化的情况。

---

① [美]黄宗智:《长江三角洲的小农家庭与乡村发展》,法律出版社2014年版,第135页;赵晓力:《中国近代农村土地交易中的契约、习惯与国家法》,载《北大法律评论》(第1卷第2辑),法律出版社1999年版。

② 《报告录》,第241页。

③ 《报告录》,第195页。

④ 曹树基、刘诗古:《传统中国地权结构及其演变》,上海交通大学出版社2014年版,第81页。

⑤ 赵冈:《历史上的土地制度与地权分配》,中国农业出版社2003年版,第263页;张弛:《习惯、司法和立法的互动与变迁——以永佃制的发展和法律实践为例》,载《学术界》2006年第5期。

三、地权分化的多元路径

关于地权分化的路径,学界提出了诸多观点。杨国桢教授列举了垦荒、改良、押租、典卖、守耕、霸佃等,并总结地权分化的一般规律:"从'私相授受'佃耕的土地开始,经过田主承认'佃户'的田面权但不准自由转让的初级阶段,到'佃户'获得转让田面权的完全自由,并形成'乡规''俗例',得到社会公认。"①该观点具有综合性,包含了交易、授予"正当性"、习惯等视角。寺田浩明教授提出类似的观点,认为地权分化是各方管业获得"正当性"的过程,存在于主佃双方对管业的主张和容忍的稳定中。② 笔者认同上述观点,地权分化是来自主佃双方不同社会经济因素共同作用的结果,在不同农地流转方式中各因素的呈现有差异,有必要具体厘清。需要说明的是,农地流转不必然导致地权分化,地权分化也不以某种流转习惯为必要条件,探求所谓"根源性"的一般形态缺乏意义。本部分将农地流转方式归纳为佃户劳动报偿、地主离地、地主出让三方面路径,通过论述不同流转方式如何影响地权分化,分析推动"正当性"授予的社会经济因素,以细化对地权分化过程的认识。

(一)佃户劳动报偿

洛克的财产权劳动理论认为,每个人都可以在自然赋予的资源上混合自己的劳动,把自然界的东西转换成价值形式,并获取这种东西的价值。③ 虽然传统社会中农户尚未形成边界明确的私有财产权利意识,但民商事习惯调查表明,主佃双方都充分认可农户在垦殖过程中,

---

① 杨国桢:《明清土地契约文书研究》(修订版),中国人民大学出版社2009年版,第74页、第88页。

② [日]寺田浩明:《权利与冤抑——清代听讼和民众的民事法秩序》,王亚新译,载[日]寺田浩明:《权利与冤抑:寺田浩明中国法史论集》,王亚新等译,清华大学出版社2012年版,第69~71页。

③ [英]洛克:《政府论》(下篇),瞿菊农、叶启芳译,商务印书馆1982年版,第18~33页。

将自己的劳动混合入农地,提升了农地的品质,并因此享有一定的财产利益。

表1　各地开垦习惯①

地点	开垦期间	开垦期农户待遇	垦熟后处理	双方关系解除时处理
安徽贵池县	至垦熟	不纳租粮	主佃立约计租	业主因佃欠租,欲其退庄,亦必酌给开垦工资为退庄费
吉林六道沟县	四年	不纳租粮	无记载	若未至年限,地东出卖该地,必须酌给垦户相当之垦地费用
浙江南田县	三年	不纳花息		业主中途变更,须偿还垦本
奉天西丰县	三年	不纳租粮	主佃立约计租	无记载
江西永新县	三年	不出租	立约收租或原业主收回自耕	无记载
奉天通化县	五年以上	所获粮石与地主无涉	垦户退地或另议纳租	无记载
山西昔阳县	三年	不出租金	业主收回自种	无记载
陕西蓝田县	三年	不纳租粮	地主收回自种	无记载

首先,开垦时农户投入的工本带来报偿。将荒地滩涂改造成适合耕作的农地,需要投入大量人力、畜力,初始若干年难以得到正常产出。由于国家历来支持垦荒,地主可以低廉的价格买入大片官荒,但无力开

① 《报告录》,第183、35、229、21、201、25、125、229页。

垦。[①] 地主召佃或农户自愿垦荒,[②]按照约定或习惯,在最初一段期间内,农户不必纳租。有调查员表述这种关系为“一方借土地,一方出劳力,借土地者坐享已成之产业,出劳力者藉得垦荒之报酬”[③]。笔者认为,地主与农户之间实际上是普通租佃关系,地主管业,免去农户获取耕作权利的地租。一方面,免租可以吸引佃户垦荒,并全力改良,争取在约定的年限内获得更多收益;另一方面,佃户除获得一般农地上应获比例的收益外,免纳的租粮相当于额外劳力的工资或对小于一般农地收益的补偿,但免纳的租粮是否足够给付工资或补偿是不确定的。[④] 民商事习惯调查显示,如果地主在开垦期间收回耕作权,需要对佃户的开垦投入做出“相当”补偿。可见,佃户退出开垦时基本获得了工本投入的足够对价,或者说给付足够对价佃户才会退出。

其次,免租期间经过,佃户可能通过继续耕作分享地力提升带来的收益。由表1对各地开垦习惯的整理可知,当约定或习惯的免租期满,有的地方地主收回自耕,有的则确定地租后由佃户继续耕作。究其原因,开垦不同的荒地需要投入的劳动量是不同的。如山西昔阳县、陕西蓝田县所垦荒地是沿河被冲毁的田地,[⑤]筑坝排水作业后,佃户可以较快获得收益,且淤泥带来的肥料会使收成更好。因此,虽然两地开垦期间不长,但佃户获得的收益足以支付劳动报酬,开垦期满后地主便可收回自耕。但其他地方收益偏低,不足以支付佃户的劳动报酬,佃户会争取继续耕作,以分享因为自己的劳动使地力提升带来的收益。若有足够多的农地,地主愿意给勤奋的佃户耕作,以保证地租收益。从安徽贵池县地主因欠租撤佃仍补给“开垦工资”也可以看出,即使在开垦形成的普通租佃关系中,佃户劳动提升农地的品质已经成为维持租佃关系的重要原因。

---

① [日]长野郎:《中国土地制度的研究》,强我译,中国政法大学出版社2004年版,第94页、第243页。

② 有地方农户垦荒可以不经地主同意,应属于依照当地习惯获得地主的默许。习惯中开垦期间届满,地主即可收回。参见陕西蓝田县第六,《报告录》,第299页。

③ 奉天西丰县第二,《报告录》,第21页。

④ 由于沙地、河滩、沼泽等荒地滩涂开垦所需的投入不同,且缺乏实证数据,难以计算免纳的租额与佃户劳动投入、实得收益之间的关系。

⑤ 山西昔阳县第一,《报告录》,第125页;陕西蓝田县第六,《报告录》,第299页。

最后,佃户长期耕作,在农地改造改良的过程中持续融入自己的劳动,使农地成为自己的财产。在传统的实用思维中,农地的价值取决于产出。佃户的劳动赋予农地价值,使其从几乎一文不值的荒地变成有一定产出的农地,“他应该从他的辛劳中受益似乎是适当和公正的,就此形成了田面权的概念”①。民商事习惯调查显示,通过劳动投入对农地的价值有明显贡献的佃户,会得到对此块地的持续耕作以获得报偿乃至自由处分、原业主无法撤佃或处分的权利。开垦成为永佃、取得田面权的重要方式之一。②

山西辽县第一:客籍人民向本籍人民租地开垦,其每年租息以契约定之,谓之“顶地”;自顶地之后,许客顶客,不许原业主收回。③

江苏省第七:苏省各邑买卖田亩,有分面田、底田者…查其原始,系由于佃户对于该田有垦植培壅之功,故有享有田面之利,又名“肥灰田”云。④

此外,即使不曾参与开垦,佃户的长时间耕作也起到改良农地的作用。与开垦后长期耕作的情况类似,农地财产观念的形成使地主难以收回耕作权。且长期耕作使佃户产生惜地守土的祖业情感。民间有“久佃成业”的说法。⑤

可见,以开垦的普通租佃关系为起点,佃户的劳动投入成为农地价值的一部分,使其获得持续利用农地以获得报偿的权利,以至于最终排除原业主的管业。有学者提出,在参与开垦或长期耕作的情况下,佃户与田面的关系是与先辈的血汗和家族的血缘联系在一起的,具有某种公认的天然性质。⑥ 佃农的劳动投入形成的财产观念与祖业观念融合在一起,维持并推动租佃关系发展,促成了地权向永佃、“一田两主”分化。

---

① [美]黄宗智:《法典、习俗与司法实践:清代与民国的比较》,上海书店出版社2007年版,第94页。

② [日]森田成满:《清代中国土地法研究》,牛杰译,法律出版社2012年版,第79页。

③ 《报告录》,第121页。

④ 《报告录》,第146页。

⑤ 赵冈:《历史上的土地制度与地权分配》,中国农业出版社2003年版,第260页。

⑥ 曹树基、刘诗古:《传统中国地权结构及其演变》,上海交通大学出版社2014年版,第58页。

(二)地主离地

地主离地指一般在租佃关系中,地主与农地间的联系被切断、管业权被削弱的状态,既包括地主离开农村的情况,也包括地主依然居住在农村的情况。地主离地主要有三类原因:第一,租制转变。邓大才教授总结道:“租制的历史是分益租制逐步转向固定租制,也是地主对交易成本的理性选择。”①分益制下出佃人获得一定比例的耕作收益,作为出佃的回报。为保证收益,出佃人在耕作、收获、收租过程中,都需对承佃人进行监督指导,出佃人仍离不开农地,主佃双方的联系紧密。定期定额制下纳租的时间和额度都已约定,丰年不增、歉收不减,地主节省了监督生产过程的成本,也将风险全部转移给佃户。但这种“理性选择”的另一个结果是佃户的自主性大大增强,地主只关心固定地租,管业权被削弱,地主与农地的联系被彻底切断,即处于离地的状态。第二,不在地主的出现。不在地主分为两种,一是因近代城镇工商业发展,吸引有财力的地主进入城镇工作生活,农地交给佃户耕作;②二是城镇资本投资农地,为获取地租收益,从贫弱地主手中收购农地,仍由原佃户耕作。③ 不在地主由于地理距离客观上无法就地监督,且无法进入乡村社会获得伦理准则的保护,管业权被大大削弱。④ 第三,灾难发生,包括兵祸、匪乱、饥荒等。此时有地主来不及处分农地便逃离农村,农地处于无人管业的状态。

---

① 邓大才:《土地政治:地主、佃农与国家》,中国社会科学出版社2010年版,第403页。关于租制演变的分析,参见赵冈:《历史上的土地制度与地权分配》,中国农业出版社2003年版,第212~234页。

② [日]长野郎:《中国土地制度的研究》,强我译,中国政法大学出版社2004年版,第103页、第246页。

③ 费孝通:《江村经济》,戴可景译,北京大学出版社2012年版,第165页。

④ 关于在地地主与不在地主的对比,张佩国教授提道:“在乡村民众这种村落共同体意识压力下,城居业主加租的余地很小,有时租率反较乡间租佃低。而乡下业主之田地在本村地理边界内,其产权既不残缺,又有自身的乡土资源优势,在与佃户的双向关系中,拥有充分的谈判权。”参见张佩国:《近代江南乡村地权的历史人类学研究》,上海人民出版社2002年版,第283~284页。长野郎提出不在地主的弊端包括不能管理农地,不能在前面应付军队等外部势力,不能维持与佃农的人情联系。参见[日]长野郎:《中国土地制度的研究》,强我译,中国政法大学出版社2004年版,第112~113页。

江苏省第五：由洪杨兵燹以后，业主流离，土地荒芜，佃户即投资耕种。迨业主归来，即许佃户特别利益，准其永远佃种，相沿日久，佃户竟持其永佃权视为一部分之所有权，不准业主自由夺佃，业主亦无异议。①

上述习惯说明，由于无人管业，灾难发生时地主离地与佃户耕作直接形成了"一田两主"的地权结构。但前两类地主离地只造成管业权削弱，并不必然导致永佃或"一田两主"的地权结构。具体来说，前两种地主离地使佃户有了扩张其地权和利益的空间，甚至驳回地主的撤佃要求，地主缺乏对佃户的实质性约束，接受了佃户继续耕作的事实，促成地权分化的实现。② 此外，佃户支配农地的自主性增强，还可以通过农地流转获利。佃户流转的方式有多种，此处以转租和转顶为例。首先，转租是指因某种情况，佃户不能耕作，将耕作权让与他人，自己取得农地的一部分收益，即二次出租。前文已经论及，转租使地主被边缘化，收益难以保障。转租的佃户显然成为"二地主"，获得事实上的田面权。民商事习惯调查中发现了永佃与"一田两主"的过渡状态，缺乏地主同意下的转租成为获取田面权的标志。

黑龙江绥化县第九：查绥属习惯，佃户除自行解约及有欠租情形外，地主不能擅自解约。至佃户以地转租与人，但使非全部转租，无得地主同意之必要。③

绥远区第一：绥区土地系蒙古原产，迨后汉人渐多，由蒙人手中租典垦种之地，历年既久，遂以取得永佃权。转典、转卖随意处分，蒙人不得干预。④

其次，转顶是指因某种原因，佃户不能耕作，将耕作权让与他人，自己获得对价但不分享农地收益，即将耕作权出卖。绥远区的习惯属于转顶，其中转典指可赎回的出卖，转卖指不可赎回的出卖。转顶给地主带

① 《报告录》，第145页。
② 赵冈：《历史上的土地制度与地权分配》，中国农业出版社2003年版，第261页。
③ 《报告录》，第59页。
④ 《报告录》，第335页。

来风险,一方面新佃户农业经营能力存疑,是否勤劳、是否适合这块农地的耕作以利于农业产出是不确定的;另一方面新佃户的信用风险不可控,不一定会按照租约向地主纳租。有学者在江苏吴江县调查发现,地主不承认佃户转顶,依然向原佃户收租。① 笔者认为,地主无法实质性干预转顶的情况下,通过原佃户收租使得原佃户成为缺乏管业权的中间人,并不能增强对新佃户的约束。因此,转顶使地主的收益面临风险,新佃户获得事实上的田面权。

上述分析可知,一般在租佃关系中,租制由分益制转变为定期定额制、不在地主等农地流转方式转变及地主逃离造成地主处于管业权弱化的离地状态,佃户通过霸佃或农地流转及地主逃离时耕作等行为促成地权进一步分化。

(三)全业主出让

在人地匹配突变、农业经营不景气或税赋陡增、突发疾病、婚丧等情况下,一般全业难以维持。全业主迫于经济压力,主动出让田底或田面,直接形成地权分化。本部分主要以自卖自耕、抵押、押租为例,论述全业主出让农地形成地权分化的过程。

1. 自卖自耕

民商事习惯调查显示,全业主可以出卖农地的同时,保留"永佃耕种"的权利。买受人成为"田主",收取地租,但收租权的流转与耕作权无关。可见,通过卖田契约约定,全业的地权分化成田底权和田面权,全业主主动变成田面主。

湖南安仁县第一:安仁县民间有卖田而不退耕者,买主每年只向卖主收取租谷若干,其田仍归卖主永佃耕种……故买主对于该田业,名虽为田主,实则仅能收取每年之田租,即或买主将该田租转卖他人,其田租之代价虽可由买主自由伸缩,而卖主之耕作权则仍然继续存在,称为"换

① [日]长野郎:《中国土地制度的研究》,强我译,中国政法大学出版社2004年版,第321页。

东不换佃”。①

自卖自耕出现的原因是：首先，前文已经论述，田底价格较低，田面价格高昂。② 如果业主出售全业，可能因价格高难以找到受让人。其次，受宗族资源独占思想的影响，田面一般在宗族内流转，且宗族内一般也只购买田面。③ 购买田底的多是城镇的投资者，其目的是获取收益而非自耕，相较于高价买入并另找佃户使农地耕作陷入不确定状态，廉价购入田底使原业主耕种更为合适。④ 再次，业主长期耕作形成惜地守土的祖业观念，只要不是过大的资金需求，不轻易出卖田地，即使出卖也会极其谨慎，分割出卖或分化出田底权出卖。⑤ 最后，在传统伦理准则有效运行且农业经营环境严峻的乡村，业主出卖田面后也难以佃种其他土地，从而面临失去生活保障的危险。可见，在经济逻辑和乡村伦理准则的共同影响下，全业主通过自卖自耕的流转方式主动变成田面主。

2. 抵押

近代农业经营环境不稳定，一旦出现歉收、增税、婚丧等情况，农户生活用度就会周转不畅，使借贷活跃。乡村中借贷，常以农地为信用担保，并创造出丰富的借贷形式。民商事习惯调查显示，全业主借贷并保

---

① 《报告录》，第 282 页。再如民国三十七年（1948 年）徽州地区陈金焕典田白契："立典田契人陈金焕，情因正用不凑，同族商议，愿将廷镁公位下弓田，坐落竹塘边，土名柘林芦溪坂中。计壹丘，共计壹亩贰分整。四至在册不开，凭中立契出典与浩十公位下为业。当得典价谷肆佰斤正，即日亲手收讫，外不立收。自典之后，各无悔意。其田无能（论）年月远近，系身备原价赎回，受典者不能执留。恐口无凭，立此典契为据。外批：出典者承回薪种，言定每年实拂额租谷壹佰斤正，至秋交纳，不得短少。原笔有照。"载张传玺主编：《中国历代契约粹编》（下册），北京大学出版社 2014 年版，第 1912 页。上述契约中"自典自耕"的做法，实质上与本文讨论的自卖自耕一致，全业主主动以典卖方式出让田底。

② 田底价与田面价的对比数据，参见赵冈：《永佃制研究》，中国农业出版社 2005 年版，第 46～48 页。

③ 佃农购买田面是为了自己耕种，投资的少，所以专挑本村的田面来买。参加赵冈：《永佃制研究》，中国农业出版社 2005 年版，第 108 页。

④ ［日］长野郎：《中国土地制度的研究》，强我译，中国政法大学出版社 2004 年版，第 158 页。

⑤ 民国时期，地权争议标的额小，基本没有大面积土地争议。也从侧面反映出大面积土地交易较少。参见杨士泰：《清末民国地权制度变迁研究》，中国社会科学出版社 2010 年版，第 183 页。

留耕作权时,与债权人签订契约并将田契交由债权人保管,①有“抵押”“典”“质押”等不同称谓,本文使用与现代民法概念相近的“抵押”指称。如果到期不能本利清偿,有的约定债权人将农地变价出售,所得价款优先受偿;②有的债权人将农地收回自耕;③有的则“以租抵息”。前两种形式债务人不能继续耕作,第三种形式债务人保留了耕作权。

直隶保定各县第四:出典人将地典出,仍然耕种,对于典主或给付租金,或给付谷粮,并不转移占有,故有“典田图种”之名称,又谓为“典地不出手”。④

江苏省第八:如以田房不动产为抵押,押主只凭据收息。淳邑民情尚厚,毋须过手管理,抵押期间,先由双方预为订约,不动产逾期,尚可延长五七年或十年不等。⑤

河南巩县第一:关于借债,向以十个月为期满,议明每月利息若干,先将十个月利息在借款内口算,书立字据,指明某地作抵,至期如数清偿,两无异说。否则,债权人得收其地稞租,或将其地收归自种。⑥

以上习惯可知,如果到期不能履债务,债务人可以长期耕作农地,债权人持地契取得农地收益的一部分,无论给付租金还是谷粮,对于债权人来说难以分清是交租还是付息。赵冈教授观察到,抵押人无法偿还而继续耕作,久而久之,发现与以前的情况相差不多,无意赎回全业,最终变成田底田面的永久性分割,抵押人握有田面,抵押权人握有田底。⑦

---

① 民间往往签订卖契,在契约结尾写明或附签说明借贷事项,如果到期不履行债务,债权人直接执契管业。这样的契约称为“卖头当尾”。

② “直隶清苑县第八:债务人既立有借据,复将红契随带,是以红契为抵押物。红契所载之地亩,因届期不能偿债,得将变价出卖,债权人有优先受偿之权利。”参见《报告录》,第16页。

③ “甘肃省第六:债务人为保债务之履行,以动产或不动产作担保品,至债务不能如期清偿时,债权人得占有担保品,行使其权利。按:金钱债务,甘肃各县多以田宅为担保之物,如债务人不能履行债务时,债权人始将担保物使用、收益,此为一般习惯之所同。”参见《报告录》,第312页。

④ 《报告录》,第18页。

⑤ 《报告录》,第146页。

⑥ 《报告录》,第103页。

⑦ 赵冈:《历史上的土地制度与地权分配》,中国农业出版社2003年版,第260页。

这也是许多靠近城镇的农村高利贷盛行后,转变为佃户之村的过程。[①] 可见,全业主借贷以农地为信用担保,如果债务人可以长期保留耕作权,地权有可能分化为“一田两主”结构,原业主转变为田面主。

3. 押租

押租是指地主出佃农地时,向佃户收取的保证金;若佃户按时交租,解除租佃关系时地主将押租全数退还;若佃户有欠租,则从押租中扣除,直至押租扣尽,地主便可撤佃。由此可见,押租制是租佃关系中的一种信用担保机制,是佃户信用无法保证时,地主为了交易安全采取的风险防范措施,以避免佃户欠缴地租造成损失。佃户扣留利息的习惯也清楚表明押租的性质是保证金,而非获取耕作权的对价。

甘肃武都县:以租金之多寡定押租之成数,每年租清者届退租时,押租如数归还。倘有拖欠,即按数扣除作为租金;如拖欠年久,押租清尽,业主即将田亩收回改佃、自种,佃户俱不得有异言。[②]

黑龙江巴彦县第四:租期届满时,将所余押租钱悉数退还租户,若租户并不短欠租粮,得于每年交租时扣留粮一斗或两斗,作为押租所生利息,以昭公允。[③]

民商事习惯调查显示,押租制广泛分布于全国各地,其流行基于以下原因:首先,定额租制替代了分益制。[④] 分益制下,地主通过在地监督生产和验收、分配收成避免风险,不存在押租的必要。同时,前文已经论述,定额租制切断了地主与农地的联系,地主的管业权被削弱。其次,农业经营环境恶劣。近代灾难频发,农地收益不稳定,佃户欠租的风险提升。最后,宗族伦理秩序衰微。在地主管业权疲弱、农地收益不足以支持农户生活时,宗族伦理秩序提供的信用保障也渐渐失效。地主出佃时无法确定正确的支配者,交易安全得不到保障,只能选择押租的方式填

① 费孝通:《江村经济》,戴可景译,北京大学出版社2012年版,第164页。

② 《报告录》,第327页。

③ 《报告录》,第73页。

④ [日]长野郎:《中国土地制度的研究》,强我译,中国政法大学出版社2004年版,第319页。

补伦理秩序的缺位。[①] 因此,押租制源起于信用担保。

在押租制的实践中,由于佃户趋向于长期耕作,在欠租情况不严重时,押金可以成为地主的周转资金。当全业主急需大量的资金时,出佃农地并收取大额押金成为一种选择。

湖南湘乡县:重进佃规,例如甲有田百亩,价值五千元,乙进佃规四千元,向甲承佃该田,由甲书"拨耕字"交乙,由乙书"佃字"交甲,随成东佃关系。若该田租谷年可收取二百石者,因有重佃之故,年可只纳三四十石,苟甲将此项田亩出卖与丙,未将乙之佃金偿清,仍不得解除契约。[②]

以上押租习惯中,押金金额占到田价的 80%,而约定地租只有 20%。也就是说,按照押租制,即使佃户欠租,由于押金金额高,地主难以撤佃。当佃户要求退佃时,地主又难以全额清偿押金。佃户只能自行转顶第三人,从新佃户手中接过同额押金,地主无法阻拦。[③] 可见,地主对农地的管业已经无法实现,押租制结合大额押金实质上形成了地权分化,全业主并非成为租佃关系中的地主,而是成为"一田两主"结构中的田底主;大额押金也不仅是保证金,还是田面主购买田面的价金。

有学者对近代农业经营数据进行计量分析,观察到当押金一直上涨,地租额就一直减少,提出将押租作为描述地权分化过程的线索。[④] 具体来看,如果押金为零,为普通佃租,地租占总收益的 50%;如果押金达到年租谷的 60% 至 70%,形成永佃;如果押金再增,租率下降,形成

---

① [日]森田成满:《清代中国土地法研究》,牛杰译,法律出版社 2012 年版,第 157 页。

② 《报告录》,第 286 页。

③ 赵冈:《历史上的土地制度与地权分配》,中国农业出版社 2003 年版,第 260 页。

④ 曹树基和刘诗古的研究认为,土地产权分化为普通租佃、相对的田面和公认的田面三个等级。相对的田面权由交纳顶首获得,虽然可能因欠租而夺佃,但撤佃的困难与一般永佃权有区别。相对的田面权人承担与普通租佃相同的地租,不可能通过转租土地而获利,因此相对的田面权可以转顶、绝卖、活卖、抵押、继承,不可转让。公认的田面权是与先辈的血汗和家族的血缘联系在一起的,具有某种公认的天然性质,可以继承、出租、转让、抵押、出典等。参见曹树基、刘诗古:《传统中国地权结构及其演变》,上海交通大学出版社 2014 年版,第 56 ~62 页、第 245 ~247 页。

“一田两主”或“一田三主”的结构；当押金足够高，以至于地租为零时，形成有完全收益权的田面。[①] 由此，研究者构建出通过购买形成的地权结构变迁形态，押金是购买价款，押金越高，买受人获得的农地权利越丰富，地权分化的趋势越明显。

民商事习惯调查证明实际情况与计量分析的结果接近。

江苏海门县：海门县崇划田，顶首轻而取租重，故佃户如有抗租及延欠等情，得有业主将地收回，另行招种，并禁佃户私佃他人。[②]

江苏崇明县：崇明县崇划田，顶首重而取租轻，业主对于佃户只有收租之权，而不能禁其私佃。[③]

湖南宁乡县：宁乡县乡间常有伴进佃规之惯例，如甲佃乙田，凭引佃人议定佃规若干，每年完纳租谷若干，即由佃户书立佃约，交与业主收执。设业主又因需钱使用，向佃户加规减租，适佃户无钱应付，而丙有钱出资，亦得附入乙所立之佃约内，作为外加之佃规，其所减之租即归丙收。此种办法，有由丙向甲直接为之者，有由丙向乙间接为之者，皆名之为“伴进佃规”。[④]

江苏海门县的押租制是前文提到的作为信用担保的押租，崇明县的押租制是前文提到的押金金额大的情况，二者对比清晰地表明，押金与地租呈现反相关关系，且押金越多，佃户对农地的支配性越强，地权分化越明显。湖南宁乡县的押租制呈现出更加复杂的地权结构，当第三人向地主交纳部分押租后，地主应减收的年租归该第三人所有，相当于该第三人向地主购买了部分田底权，该农地上出现了两个田底主。可见，同一农地的田底权可以分立为若干个，由不同主体享有。

以押租为线索解释部分地权结构的分化趋势，是具有解释力的。但笔者认为，应当注意这一理论的适用是建立在“购买”地权的基础上，不

---

① 民商事习惯调查显示，湖南省有将年租全部免除，按照相当数额加收批规（押金）的情况。参见湖南省，《报告录》，第 288 页。

② 《报告录》，第 176 页。

③ 《报告录》，第 176 页。

④ 《报告录》，第 283 页。

得任意扩张。[1] 通过购买形成的"永佃""一田两主"与前文中提到的通过佃户劳动报偿、地主离地形成的地权结构不同。如果将"押租"扩张解释为价值的交换,以将劳动获得地权的过程纳入该理论的适用范围,则使该理论流于抽象,失去了适用和讨论的价值。

关于押租的分析表明,在农业经济不景气、伦理秩序衰微的情况下,作为信用担保机制的押租制因为可以满足全业主的资金需求,成为促进地权分化的重要流转方式。全业主在收益无法满足生活支出时,会通过主动出让农地融资。根据资金需求不同,可选择的流转方式不同。全业主可以通过自卖自耕、抵押等方式获取相对少的资金,成为田面主或佃户,也可以通过押租获取一定的资金,成为地主或田底主。可见,在经济压力下,全业主会主动通过农地流转推动地权分化。

综合上述对地权分化过程的分析可知,地权分化是在一定的社会经济基础上,通过农地流转在不同路径上展开的。佃户劳动报偿、地主离地、全业主出让等路径也不是截然对立的,不同路径之间有重合、交叉的部分。农地流转中混合了经济逻辑和宗族伦理准则,在近代社会经济环境中推动了地权分化的发展。其中,宗族伦理准则影响力较小,往往有惜地守土的保守倾向;但农民面临的经济压力推动地权结构的分化,一般的趋向是耕作权的扩张与管业权的衰落,利益分配向掌握耕作权的一方倾斜。

四、地权分化的国家法应对

复杂的地权结构可能降低农业生产效率,加重佃农负担并激化主佃矛盾。地权分化的方向是地权与宗族伦理的分离、重组,通过前文分析

---

① 笔者认为,曹树基和刘诗古学者对地权结构的研究范围与杨国桢教授、寺田浩明教授、黄宗智教授的研究范围有根本的区别,各自的理论只在其研究范围内有解释力。因此曹、刘两位学者用自己研究的成果对后面三位学者的理论进行对比和批判是缺乏意义的。参见曹树基、刘诗古:《传统中国地权结构及其演变》,上海交通大学出版社2014年版,第17~22页。

可知,宗族伦理准则对分化过程缺乏足够的影响力。而在国家—乡村—农户治理结构中,国家不直接介入乡村事务,难以通过意识形态及时调整有碍于治理目标实现的地权结构变动。因此,国家法与地权分化习惯长期处于对立状态。

"一田两主"的习惯受到国家法抵制。清代官吏清晰地观察到"一田两主"的习惯对国家田赋收入造成威胁,将其视为农地治理结构的障碍。① 首先,由于田底主的收租权没有保障,田面主抗租、欠租的现象时有发生,田底主以此为由长期拖欠田赋。其次,田底主离地并频繁变动使地方官吏难以确定纳税人,出现有田无税的情况。因此,清代地方官吏多次通告禁止"私顶盗退"等田面流转行为,制止"一田两主"的发生,但效果甚微。② 清末变法以来,立法者排斥"一田两主"的地权结构,主要是因为国家法继受了大陆民法个人主义的财产权概念。在一物一权并强调排他性的所有权概念中,难以容忍同一农地上出现两个不同层次的所有权。近代立法者将个人主义财产权视为发展现代经济的关键,与之不符的被视为旧文化糟粕,包括一些宗族伦理秩序,都被坚决破除。

永佃是近代立法者可以接受地权分化形态的极限。实际上,立法者借由传统大陆民法"永佃权"的概念,改造永佃习惯,试图以单元所有权制度规范实践中的地权分化。1911 年《大清民律草案》、1925 年《民国民律草案》、1930 年《中华民国民法典》都将永佃作为物权编的单独一章予以规定,其在法律中的最终定义为"支付佃租永久在他人土地上为耕作或牧畜之权"。③ 可见,立法者认识到永佃习惯中"永久"的时限使其与

---

① [美]黄宗智:《法典、习俗与司法实践:清代与民国的比较》,上海书店出版社 2007 年版,第 86 页;梁治平:《清代习惯法:社会与国家》,中国政法大学出版社 1996 年版,第 133 页。

② 杨国桢:《明清土地契约文书研究》(修订版),中国人民大学出版社 2009 年版,第 89~90 页。

③ 《中华民国民法典》第 842 条。《大清民律草案》第 1086 条与《民国民律草案》第 866 条定义少了"永久"二字。笔者参引的两部民律草案文本,出自杨立新点校、吉林人民出版社 2002 年 5 月出版的《大清民律草案·民国民律草案》,后文参引两部民律草案均出自这个版本。笔者参引的《中华民国民法典》,出自商务印书馆 1936 年出版的《中华民国法规大全》(第 1 册),后文参引的《中华民国民法典》均出自这个版本。

普通租佃区分,成为接近所有权的权利。为了融入单元所有权制度,立法者对永佃进行大范围调整:

首先,国家法确认永佃可以“永久”存续不是一蹴而就的。《大清民律草案》第1089条规定:“永佃权的存续期间为二十年以上五十年以下。”通过规定存续期间,弱化永佃权人对农地的支配,保护所有权人的利益。随后大理院判决推翻了这一认识,认为佃约不能解释为存在一定期间或已经声明永久的,永佃权可以永久存续。① 大理院向民间习惯做出了让步。但《民国民律草案》第866条完全继承了《大清民律草案》的规定。国民党立法者最终认可了民间永佃习惯可以永久存续的做法。

其次,立法者认为定额地租对于主佃双方都不公平,应灵活处理。一方面,当农业经济出现较大变化时,地租额度应当可以调节。法典赋予主佃双方声请法院增减租金的权利,②突破了习惯中“不得增租”的做法,实质上强化了所有权。另一方面,当遭遇灾荒时,永佃权人可以申请减租。依照习惯,定额地租不受农地收益丰歉影响;在法理上,所有权人也不应当对永佃权人的损失负责。两个民律草案均坚持理论逻辑的统一,但国民党立法者为保护永佃权人的利益,维持社会稳定,对社会现实做出妥协。③

再次,立法者对永佃是否可以转租的认识经历了转变。两个民律草案都认可永佃权人可以将农地出租,④大理院判例更明确了永佃权可以自由处分而不受所有权人干涉,处分永佃权不是撤佃理由等,⑤体现出立法者试图适应民间“一田两主”的习惯,但也弱化了其单元所有权的立场。如前文所述,佃户自行转租促成地权分化,业主对农地的支配力

---

① 民国二年(1913年)上字第140号判决,载郭卫编:《大理院判决例全书》,中国政法大学出版社2013年版,第359页。

② 参见《中华民国民法典》第442条。

③ 参见《大清民律草案》第1096条、《民国民律草案》第870条、《中华民国民法典》第844条。

④ 参见《大清民律草案》第1092条,《民国民律草案》第868条。

⑤ 参见民国二年(1913年)上字第140号判决,民国四年(1915年)上字第252号、第302号判决,载郭卫编:《大理院判决例全书》,中国政法大学出版社2013年版,第359页、第360页。

减弱。国民党立法者坚持单元所有权的原则,改变了之前的规定,《中华民国民法典》第 845 条规定:“永佃权人不得将土地出租于他人。永佃权人违反前项之规定者土地所有权人得撤佃。”

最后,国家法细化了撤佃条件。无论立法抑或司法裁判,均肯定在永佃权人连续两年欠租时,所有权人可以撤佃,且不得因补缴而拒绝撤佃。[①] 如前文所引,在法典中转租也成为撤佃原因。这些规定与永佃习惯相符,也进一步否定了“一田两主”的做法。[②]

由上述分析可知,在现代法律话语体系要求下,立法者通过对永佃制度的重构,对民间盛行的地权分化习惯否定多于认可。国家法与习惯的核心区别在于对财产的认识不同:习惯中重视劳动的价值,农地因佃户的开垦或长期耕作而价值提升,佃户被认为对农地拥有一定财产权利,成为田面权形成的基础;而立法者在单元所有权理论下,认为土地的价值由市场供求决定,应当由风险的承担者即所有权人享有,[③]与佃户及其劳动无关,因此所有权人有权调整地租或撤佃。

在“一田两主”的地权结构中,国家法实质上扩展了田底主的管业权。实践中,田底主使用有利于自己的新式法律语言,将自己与田面主的关系描述为租佃关系,频繁控告田面主转租农地或欠租并要求撤佃,以获取更高的经济回报。[④] 田面权让位于田底权,使“一田两主”结构不

---

① 参见《大清民律草案》第 1100 条、《民国民律草案》第 872 条、《中华民国民法典》第 846 条。民国四年(1915 年)上字第 389 号判决,载郭卫编:《大理院判决例全书》,中国政法大学出版社 2013 年版,第 360 页。

② 需要说明的是,近代国家法效仿德日民法舶来“永佃权”的概念,导致近代以来理论与实务界一直以“永佃权”概称民间习惯中的“永佃”与“一田两主”,三者是不同的概念。在大陆民法中,永佃权人转让永佃权的行为须有所有人同意,且所有人有先买权。显然大陆民法中的永佃权概念较“永佃”大,较“一田两主”小。参见梁治平:《清代习惯法:社会与国家》,中国政法大学出版社 1996 年版,第 88 ~ 91 页。

③ [美]黄宗智:《法典、习俗与司法实践:清代与民国的比较》,上海书店出版社 2007 年版,第 94 页。

④ 欠租撤佃的做法被广泛应用,以至于村民认为已经成为当地习俗。参见[美]黄宗智:《法典、习俗与司法实践:清代与民国的比较》,上海书店出版社 2007 年版,第 93 ~ 94 页。

断没落。① 可见,国家法用经济和法律逻辑替代之前的宗族伦理,影响农民的经济行为,宗族秩序崩溃瓦解。代代相守的契约在国家法的推动下被取消,佃户认为自己的财产权利和祖业观念都受到侵犯,佃户与地主、佃户与国家之间的矛盾被激化。

五、小 结

本文以近代民事习惯调查为素材,论述了地权分化的样态、路径,可以得出以下结论:地权分化的过程是管业权与耕作权分离,耕作权不断膨胀使地主被边缘化的过程。耕作权的膨胀以财产的劳动报偿观念为基础,通过农地流转得以确定和稳固。全业主、佃户在生存与发展的经济逻辑下推动地权分化,宗族伦理准则的影响力较小。近代国家为实现有效征税和土地法律现代化,以国家法的形式替代宗族伦理准则对传统地权结构进行改造。根据西方财产权理论和市场逻辑,强化单元所有权,否定"一田两主",使地权结构陷入不稳定的状态,没有实现有效的国家治理。

尽管当下的社会经济相较于近代发生了翻天覆地的变化,但仍面临着类似的农地问题,包括人地比例失调、农地细碎化、农业融资渠道不畅等。在综合考虑社会经济背景差异的基础上,近代地权结构变迁的过程可以为当下"三权分置"制度设计提供可分析的实践样本。农业产出是农地价值的根本体现,从事农业经营的权利是地权的主要部分。由于国家法对近代农地市场无法实施有效干预,基于佃户付出劳动、业主与农地联系减弱及业主直接交易等因素,近代佃户的耕作权利不断扩张,主佃双方权利失衡,业主被边缘化。当下推行农业规模化、产业化经营时,农户将经营权流转至种粮大户或农业经济组织,农户处于相对弱势的地位。保障农户的权益,需要充实承包权内涵,在不影响经营权人自主经

① 杨士泰:《清末民国地权制度变迁研究》,中国社会科学出版社2010年版,第186~187页、第274~275页。

营的同时,保持农户与农地的联系。在法律技术上,可以通过对流转期限限制、赋予承包人监督分益权利实现。

历史并没有远去。制度设计应当避免出现近代立法不顾民众迫切需要的问题,最终导致乱局的发生。在制度设计和理论研究中,应当重视对历史与当下制度、实践资料的利用,融合历史主义、实用主义、形式主义的分析方法,为当下问题寻找答案,这也是本文写作的重要目的所在。

《法律和社会科学》(2018)
第 17 卷第 1 辑,第 134 ~157 页

强弱之辨：中国劳动法学理论中的“劳动者”

钟炜玲*

摘　要:近代以来,中国劳动法学者眼中的劳动者形象发生了沧海桑田的变化。民国时期西学东渐,法学界将劳动者视为劳动契约中处于经济弱势的一方,期望劳动法实现抑强扶弱的调和功能。新中国成立后,劳动者成为阶级斗争的胜利者。法学界身兼专业的和政治的双重使命,追求让劳动法担当起宪法性法律的作用,使其一方面服务于作为国家主人翁的劳动者的利益,另一方面实现统筹调配人力的功能。改革开放初期的劳动法学界经历了自由经济和革命政治两种话语之间的拉扯。在短暂的过渡期过后,劳动者概念重新契约化、职业化,劳动法也再次变为弱者的特别保护法。法学界还进一步引入从属性理论等来限定劳动者的主体资格。总体上,劳动法学者眼中的劳动者形象经历了从弱到强再变弱的转变,深刻影响着劳动法制实践。未来的中国劳动法应超越强弱之辨,维护劳动人民在市场经济中的主体地位。

---

* 牛津大学法学院 Magister Juris (MJur)项目硕士研究生。

关键词：中国法学界；劳动者；观念史

21世纪工作形态的变革撼动了劳动法的理论根基。随着劳务外包、特许加盟等新型用工模式的出现，越来越多的企业将传统的正式员工替换为与自己没有劳动法律关系的外包工，借此逃避劳动法上的义务。[①] 无独有偶，随着互联网服务的推广，“网约工”与网约平台运营商之间的法律关系性质也陷于“灰色地带”。[②] 诸如此类的难题迫使法学界重新审视劳动法的基础理论问题：谁是“劳动者”，劳动法的目的是什么？

在劳动者概念再次掀起理论热潮之际，回顾近代以来中国劳动法学界对“谁是劳动者”这一问题的回答，具有彰往察来的意义。克利福德·吉尔兹（Clifford Geertz）认为，法律是一种地方性知识，它从地方文化资源中孕育出对社会现实具有建设性意义的力量。[③] 他的观点启示人们：劳动者作为一个法律范畴，是对某一类人的规范性描述。这种描述不仅反映了社会现实，也是特定地方的人想象真实的独特话语；它所关注的不仅是过去发生的事情，也包括现在或将要发生的事情。因此，研究中国劳动法学界的劳动者观，就是研究中国法律学者关于劳动的阐释及建构，也是研究这些观念背后的社会权力资源——意识形态

---

① 劳动关系断裂的现象具有全球性。在美国，奥巴马时代的劳动关系委员会确立了新“共同雇主”（joint employer）规则，特许企业（或发包公司）即使对经销商（或承包商）雇佣的劳动者只有间接的或未实施的控制（the right to exercise control over workers that it nonetheless didn't exercise），也可能要对这类劳动者承担法律责任。但近来共和党把持的劳动关系委员会推翻了该项规则，使得特许企业（或发包公司）只有在对劳动者实施了直接的和立刻的控制（direct and immediate control）时，才需要履行共同雇主的义务。参见 Noam Scheiber, “Labor Board Reverses Ruling That Helped Workers Fight Chains”, https://www.nytimes.com/2017/12/14/business/economy/labor-employers.html DEC. 14, 2017, accessed 11 January 2018。

② 李丹青：《网约工，你究竟是谁的“员工”》，载《工人日报》2016年8月20日，第5版。

③ [美]克利福德·吉尔兹：《地方性知识：事实与法律的比较透视》，邓正来译，载梁治平编：《法律的文化解释》（增订本），生活·读书·新知三联书店1998年版，第73～171页。

的、经济的、军事的和政治的变迁。[①] 在此基础上,法学界才能更加自觉自省地定义新时代的中国劳动者。

一、基于契约的弱势职业

20世纪初期,“福利国家”在欧美世界方兴未艾,深刻影响了中国的劳动法学。当时已有关于“劳动法上之人”的学理探究,其中史尚宽的《劳动法原论》最具代表性。史尚宽曾赴日本、德国及法国留学,后在国民政府立法院任职多年,深度参与了劳动立法的起草工作,“于条文之解释,颇能知立法原意之所在”。[②] 因此他的见解可以代表当时的权威观点。

(一)契约伦理

受业于欧洲大陆的法律科学,史尚宽的研究方法以援引外国立法例和解释现行法为主。在他的欧陆式想象中,劳动者的本质由“劳动法上之劳动”所规定,后者特指“基于契约上之义务在从属的关系所为之职业上有偿的劳动”。[③] 从这一定义出发,劳动者首先是契约关系的当事人,有能力判断自己行为的后果,因此如非必要无需借助外来力量(如政府)的干预。基于此,史尚宽认为劳动契约法的大部分规定都属于“私法”的范围,他甚至把《中华民国民法典·债编》中有关雇佣关系

---

① 迈克尔·曼(Michael Mann)认为,人类社会正是围绕这四种权力资源而形成的,四种资源之间有一定的相对独立性,交互作用,其中政治权力包括法律。参见[英]迈克尔·曼:《社会权力的来源(第四卷)——全球化(1945~2011)》,郭忠华等译,上海人民出版社2015年版,第1~3页、第14页。

② 史尚宽:《劳动法原论》,正大印书馆1978年重刊,凡例。

③ 史尚宽:《劳动法原论》,正大印书馆1978年重刊,第7页。史尚宽在该著作中将劳动关系的双方当事人称为“受雇人”与“雇用人”。本文为了读者阅读的便利,用“劳动者”代替“受雇人”的称呼。

的规定也视为劳动法的法源之一。[①] 在这样的契约思维下，劳动者被抽象成一个个单独的民事主体，他们与雇主之间形成以劳动换取报酬的债之关系——一种以经济要素为主的关系。

（二）职业身份

在史尚宽的视角下，劳动者这一身份只是社会上诸多可以谋生的职业之一。在这个意义上，他们与买卖契约中的经销商、租赁契约中的出租屋主……没有质的区别，全部统合于“公民”概念之下。在职业流动不受限制的年代，一个人可以身兼劳动者、商人等多重身份，也可以先后在不同身份间切换。劳动者之间联合而成的工会等团体，在本质上也仅是“同一产业或同一职业之工人组合”。[②] 事实上，行业类型正是当时法学界划分劳动者的通常标准。例如，依企业种类的不同，可将劳动者分为工业劳动者、商业劳动者、海员、家内劳动者等；依劳动种类的不同，则可将劳动者分为（狭义的）劳动者、使用人、学徒和公务员。[③] 这些职业化的法律分类，无一不强化着劳动者群体内部的异质性，难以唤起不同行业之间情感的共鸣。

（三）经济弱者

尽管劳动者概念含有契约的、职业的要素，他们仍然不同于普通契约的当事人，甚至也不同于雇佣契约的当事人。这是因为劳动者除了与雇用人形成经济关系，还在人身上依附于后者，属于经济上的弱者，他们代表了现代西方民法中经典的“人”的形象。日本民法学家星野英一如此勾勒近代以来民法中人像的转变：19 世纪民法中的人是在理性、意思方面强而智的形象，个体之间在法律人格上完全平等而自由，因而不需要任何外力干预；然而进入 20 世纪，随着“共产主义的幽灵”

① 史尚宽：《劳动法原论》，正大印书馆 1978 年重刊，第 3 ~ 4 页。史尚宽本人正是 1929 年民法典的起草者。不过，在他的理论中，“雇佣关系”是纯粹经济性质的契约关系，不完全等同于具有人身从属性的“劳动关系”。

② 史尚宽：《劳动法原论》，正大印书馆 1978 年重刊，第 151 页。

③ 该特定语境下的“劳动者”指使用人、学徒、公务员以外的受雇人。“使用人”指主要从事高级或精神劳动之人，以及从事商业的或事务的劳动之人。参见史尚宽：《劳动法原论》，正大印书馆 1978 年重刊，第 8 ~ 9 页。

在欧洲大陆徘徊,现代民法转而承认具体个体之间在社会经济方面的不平等,人的形象顿时变得弱而愚。① 这才为国家力量的介入提供了正当理由,劳动法应运而生。

总之,史尚宽将劳动者理解为在劳动契约中处于弱势一方的职业。劳动者、雇主及国家之间呈现不等边三角形的格局,劳动法——公权力的象征——在其中占据顶点的位置,发挥抑强扶弱的功能。② 不过,劳动者的从属地位并不是劳动法力图消除的偏弊,而只是劳动法存在的理由。公权力对劳动关系的干预并不会将已有的格局调整为等腰三角形的构造,因为维持劳动对资本的依附性乃现代西方劳动法存在的前提。换句话说,尽管在史尚宽看来,劳动法的目的在于"劳动人格之完成"——达致劳动力与其持有者人格合一的状态,③但是这一宣称"产业民主主义"(Industrial Democracy)的理想仍然服务于现代工厂的等级制控制和垂直式管理。劳动法并未试图改变、甚至强化了资本主义的生产方式,它通过阶级妥协的方式,保留了使劳动者成为弱者的结构性根源。

二、作为整体的阶级强者

社会主义革命胜利后,主流社会对劳动者的想象发生了翻天覆地的变化。但由于全球冷战,中国的法律长期从属于共产主义的意识形态,没有发展出西方意义上独立的、体系化的劳动法学。当时社会上出版的劳动法学著作及论文很有限,大学教科书也仅编写了一些油印教

---

① [日]星野英一:《私法中的人》,王闯译,载梁慧星主编:《民商法论丛》(第8卷),法律出版社1997年版,第275~314页。中外学者关于同类话题的讨论,可参见[德]拉德布鲁赫:《法律上的人》,载《法律智慧警句集》,舒国滢译,中国法制出版社2016年版;赵晓力:《民法传统经典文本中"人"的观念》,载《北大法律评论》(第1卷第1辑),法律出版社1998年版,第130~142页。

② 正因如此,史尚宽将劳动法界定为公私法混合的独立体系。参见史尚宽:《劳动法原论》,正大印书馆1978年重刊,第3页。

③ 史尚宽:《劳动法原论》,正大印书馆1978年重刊,第3页。

材，并未公开出版。[①] 因此，本文只能从冷战后期、20 世纪 80 年代初期零星的劳动法学研究中，一窥改革开放以前中国法学界的劳动者观。[②]

（一）国家主人

计划经济时期的劳动法学师仿苏联，理论资源主要依托马克思主义经典著作以及党和国家领导人的论述，纯粹围绕法律规范的研究极少。[③] 在“政法合一”的大环境下，劳动者不再被视为一个经济性的职业范畴，而是政治性的阶级概念。这一身份拥有着相当于“人民”“群众”的政治能量，承担了区分敌我、凝聚集体认同的重要功能。[④] 一个人只有被甄别为劳动者，才有资格为人民共和国所承认，并接纳为这个政治共同体的合格成员。因此，对当时的劳动法学者来说，划定劳动者的范围远不止法律技术上的意义，而是“关系到壮大革命队伍，巩固无产阶级专政这样一个根本性质的问题”。[⑤] 要判断一个人是否拥有劳动者主体资格，最重要的不是看他（她）是否符合年龄条件、是否提供了劳务以换取物质收入、抑或是否从属于雇主的控制，而是要看他（她）如何实现人生价值——是自食其力还是不劳而获。劳动者队伍内部的分类标准也不能是所在行业的类型，而是人们投身社会主义的程度和地位。例如，劳动者被分为国家领导阶级（工人阶级）、已经变为社会主义集体劳动者的农民、个体劳动者，以及为社会主义服务的知

---

① 关怀：《十一届三中全会以来我国劳动法学的发展》，载《法学家》1999 年第 Z1 期。

② 考虑到改革开放以前政法合一的特点，本文在开放的意义上使用“法学界”一词，非指一个专业的、封闭的职业共同体，而是泛指教、学劳动法的人员。事实上，20 世纪 50 年代，中国人民大学法律系已设立有劳动法教研组，招劳动法研究生。参见关怀：《关情劳动法，怀忧劳工权》，载中国人民大学新闻网：http://news.ruc.edu.cn/archives/78318，2018 年 3 月 27 日最后访问。

③ 例如在龚建礼的《试论我国劳动法的调整对象》一文中，全部注释的内容都来自《马克思恩格斯选集》《列宁全集》《斯大林全集》。参见龚建礼：《试论我国劳动法的调整对象》，载《法学研究》1984 年第 1 期。

④ 有关我国劳动权规范中蕴含的社会主义国家之国家伦理，参见王旭：《劳动、政治承认与国家伦理——对我国〈宪法〉劳动权规范的一种阐释》，载《中国法学》2010 年第 3 期。

⑤ 陈文渊：《认真学习刘少奇同志有关劳动法的论述》，载《北京政法学院学报》1980 年第 2 期。

识分子等。[①] 在这个意义上,劳动者的对立面不是企业家一职,而囊括了一切阻挠革命、坐享其成的"剥削者",甚至还包括与劳动者没有直接经济关联的富农和官僚资产阶级。这些身份不可能和劳动者一起同时存在于一个人身上;地主、富农和资产阶级参加劳动改造的过程,也不是简单的职业身份的转换,而被视为改过自新的蜕变。

(二)以厂为家

理解了劳动者在社会主义国家中的特殊地位,才能理解劳动者,尤其是工业无产阶级与公有制企业之间的关系,因为企业单位就是国家的缩影。当时的学者认为,既然劳动者以集体的名义占有着企业的生产资料,他们与行政领导人员之间就不能看作不同生产要素(如劳动与技术、资本)的结合,而是"分工不同,相互之间是平等的关系",或曰"不受剥削的劳动者之间同志合作和社会主义互助的关系"。[②] 由此自然推导出的结论是,一方面,劳动关系超越了物质利益交换,染上了革命浪漫主义的色彩。用人单位犹如一个个微型政府,全面接管劳动者从摇篮到坟墓的社会活动:上至基层选举、思想教育、生老病死,下至吃穿住行、休闲娱乐、子女抚育……经济福利只不过是国家主人翁的诸多"特权"之一。[③]

另一方面,将劳动关系建构为非契约性质的关系,也为权力的集中行使提供了正当理由。由于劳动者、单位与国家三者的利益在法理上是一致的,劳动者有义务爱厂如家,服从国家的计划安排,各尽所能地奉献自己的才能。劳动人事部门有权根据形势政策的需要,在各部门、各地区之间统筹调配劳动力,而不会遭遇"干预契约自由"的正当性难题。因此,有学者在20世纪80年代初期的研究中得出如下结论:国家劳动人事部门、用人单位以及劳动者之间在计划分配劳动力的过程中

① 陈文渊:《认真学习刘少奇同志有关劳动法的论述》,载《北京政法学院学报》1980年第2期。

② 龚建礼:《试论我国劳动法的调整对象》,载《法学研究》1984年第1期。

③ 关于现实中的"单位体制"的研究,参见路风:《单位:一种特殊的社会组织形式》,载《中国社会科学》1989年第1期;路风:《中国单位体制的起源和形成》,载《中国社会学》(第2卷),上海人民出版社2003年版,第91~134页。

所发生的社会关系，是“发生劳动关系的必要前提”。[①] 这一观点在新中国成立前及今天的劳动法学界都是难以想象的。

虽然计划经济时期法学界的劳动者观不同于“以权利为中心”的自由主义传统，但这并不意味着劳动者只能被动地接受单位及国家的“统包统配”。理论上，如果劳动者认为自己未能在单位中获得应有的待遇，或者认为行政干预损害了个人利益，他们尽管不能基于契约上的债权对单位行使请求权，也无法作为公民个体以意思自治原则对抗公权力的入侵；但是劳动者可以诉诸其作为国家领导阶级（或其同盟）的主人身份，要求单位实现其民主承诺。这也是“社会主义优越性”的题中之意。正因如此，直到20世纪80年代后期，当劳动体制改革遭遇质疑时，学界正反两方阵营均从哪条道路更有利于维持“劳动者主人翁的法律地位”的角度寻求道义支持。[②]

（三）强者之法

可见在当时的学者眼中，与现代西方民法中孱弱的、需要法律救济的劳动者不同，社会主义中国的劳动者显得前所未有的高大挺拔。尽管劳动者仍然必须接受用人单位的管理，甚至依附程度有过之而无不及，但是这种服从不再是民国时期法学家眼中弱者的表现，而是个人利益与集体利益、国家利益相一致的象征。同时，这一时期劳动者的强者形象也有别于近代西方民法对人的光辉想象。后者将劳动者与雇主无差别地预设为意志自由、理性逐利的强者，进而推导出排斥公权力干预的逻辑结论。相比之下，社会主义劳动法却否认跨越阶级的绝对平等，也否认国家与市民社会的二元对立。劳动者与单位、国家一损俱损，一荣俱荣，三者关系被建构为同心圆的构造。

在马克思主义法理的指导下，劳动法的正当性就源于它服务于在阶级斗争中赢得胜利的强者。因此劳动法的目标就不只是缓解人民在经济生活中的苦痛，而是在中国共产党的集中领导下创造更加平等的

---

① 龚建礼：《试论我国劳动法的调整对象》，载《法学研究》1984年第1期。

② 龚建礼：《试论劳动合同的性质及其主体的法律地位》，载《中国劳动科学》1986年第6期；史探径：《论劳动合同和劳动合同制》，载《法学研究》1987年第4期。

新生活、新人类。这也为劳动法的学科定位打上了鲜红的时代烙印:一方面,由于法学界拒绝用冰冷的契约理论来解读劳动关系,劳动法不属于"私法";另一方面,社会主义劳动法突破了"国家 vs. 市民社会"的二元划分,因此也不符合"公法"的经典定义。从本质上看,当时的劳动法被赋予了宪法性法律的特征,学者们也自然地援引宪法来阐释劳动法规。①

三、新旧交替的混合意象

自20世纪80年代开始,国家改革劳动体制,计划经济下的"固定工"逐渐为市场经济中的"合同工"所替代。② 为了适应政策变动,劳动法学界必须重新想象一种与商品经济兼容的劳动者的形象。与民国时期的权威观点相似,劳动者被再一次塑造为合同一方当事人,在职业身份上处于雇主的从属地位,③债权债务成为联结劳企关系的唯一可靠纽带。不过,一种新的观念的形成,无法仅凭立法的创设或者学者的简单的再定义,而是需要与之匹配的法理基础作为支撑,以增强内心确信。为此,法学界出现了两种理解"合同工"的视角,这两样视角常常同时存在于同一个学者、同一篇文章里:一方面,法学界仍然需要借助传统劳动者的政治意象来理解新意象的运作逻辑,以缓和制度变革引起的恐慌和忧虑;另一方面,他们开始引入"现代化"的法律专业术语和发展主义论述,以摆脱意识形态的束缚,实现自我说服,迎接经济全球化时代的到来。④ 因此,这一时期法学界的劳动者观混合了革命传统与自由经济两种色彩。

---

① 龚建礼:《试论我国劳动法的调整对象》,载《法学研究》1984年第1期;陈文渊:《认真学习刘少奇同志有关劳动法的论述》,载《北京政法学院学报》1980年第2期。

② 关怀:《十一届三中全会以来我国劳动法学的发展》,载《法学家》1999年第Z1期。

③ 史探径:《论劳动合同和劳动合同制》,载《法学研究》1987年第4期。

④ 本文的"现代化"带有引号,以示这一舶来语的西方中心主义色彩。

(一)政法话语的存续

劳动体制转型时期,不少人尚无法适应从合作互助到劳动契约、从政治阶级到经济职业、从革命伦理到市场逻辑的转变,社会上出现一些质疑改革正当性的声音。[①] 劳动法学者更是急于在法条之外寻找能够正当化时代变革的资源。他们首先想到,也最擅长运用的就是政法话语。因此,在当时为劳动合同制改革辩护的文章中,几乎都有专节申明劳动者的主人翁地位,以及劳动合同关系的社会主义性质。[②] 不过,阶级话语在法学研究中的地位此时已经开始衰落,它们通常作为作者论述的指导原则或背景前提出现,不再占据核心地位。

借助传统政法话语,支持劳动合同制改革的学者得以打消一部分意识形态方面的疑虑,但这么做也给进一步构建新劳动者概念带来“伤敌一千,自损八百”的效果。首先,政法话语阻碍了劳动合同理论的发展。当劳动者与企业之间的关系依然被放在国家指令调控的框架内理解时,意思自治原则的生长空间就变得十分有限。例如有学者主张,我国是实行计划经济的社会主义国家,企业招工时必须符合劳动计划原则;劳动合同的变更及解除也需要满足诸多行政要求。[③] 这样的观点让合同制难以充分施展拳脚。其次,政法话语限制了弱者叙事的铺展。现代(西方)劳动法视劳动者的从属性为立法之本,没有合同关系中的不平等,就没有国家权力提供倾斜保护的正当性。可学者一旦为了申明劳动合同当事人之间仍然是“同志般合作和社会主义互助的平等关系”,强调劳动者与单位之间权利义务对等、法律地位相同,[④]就相当于否认了劳动者

---

① 当时有些工人认为“劳动合同是资本主义的东西”。参见关怀:《关情劳动法,怀忧劳工权》,载中国人民大学新闻网:http://news.ruc.edu.cn/archives/78318,2018年3月27日最后访问。

② 龚建礼:《试论劳动合同的性质及其主体的法律地位》,载《中国劳动科学》1986年第6期;史探径:《论劳动合同和劳动合同制》,载《法学研究》1987年第4期;陈文渊:《论劳动合同制度》,载《中国法学》1987年第3期;夏积智:《实行劳动合同制是中国劳动制度改革的必由之路》,载《中国劳动科学》1992年第1期。

③ 陈文渊:《论劳动合同制度》,载《中国法学》1987年第3期。

④ 龚建礼:《试论劳动合同的性质及其主体的法律地位》,载《中国劳动科学》1986年第6期。

的从属性,与现实改革的方向相悖;也否认了借鉴西方劳动法学的正当性,将新劳动法学建设置于"前不着村、后不着店"的尴尬境地。

(二)"现代化"转型

以合同理论为核心的弱劳动者形象对传统的个人、单位与国家三位一体的关系形成巨大冲击(尤其是在所有制形式日趋多元的形势下),终究难以同政法话语兼容。为了让新劳动者概念及其理论内部自洽,法学界开始有意推动劳动者观的"现代化",为新的意象匹配更强有力的法理基础。

1. 劳动者观"现代化"的第一步是法律语言的去政治化——让法律的归法律、政治的归政治。典型的表现是,当时的劳动法文章盛行如下论证思路:首先申明法律科学的意识形态中立性,然后引介西方劳动法的理论及原则来建构劳动者概念。例如,史探径在《论劳动合同和劳动合同制》开门见山地表示文章"从法学角度"谈几个问题。作者尽管主张中国的劳动合同与资本主义制度下的劳动契约在实质上毫无共同之处,却仍然援引域外学说来支撑自己的论点,因为"从法律规范的表现形式来说,对我国劳动合同概念的表述仍可借鉴其他国家的规定"。[①] 类似地,夏积智也认为,"劳动合同就与工资、货币、商品等概念一样,资本主义国家可以采用,社会主义国家也可以采用"。[②]

法律语言的去政治化旨在消除劳动者概念背后的意识形态束缚,为建构纯粹"法律上的劳动者"铺路。但是,加拿大传播政治经济学学者达拉斯·斯迈思(Dallas Smythe)曾指出,技术从来不是独立和自主的存在,技术的研发应用是社会权力参与其中、为实现自身意图展开斗争的过程。斯迈思曾于20世纪70年代造访中国,他发现中国的学者和技术官僚普遍认为技术本身是中立的,只要在社会主义的所有制下,西方技术就会为公共服务。斯迈思担心,现代技术会阻碍中国政策制定者理解技术的政治性,而这不是纯粹的学术问题。为此,他呼吁中国

---

① 史探径:《论劳动合同和劳动合同制》,载《法学研究》1987年第4期。

② 夏积智:《实行劳动合同制是中国劳动制度改革的必由之路》,载《中国劳动科学》1992年第1期。

进行文化甄别，关注应用技术背后的社会制度。① 尽管斯迈思主要关注的是现代传媒技术，但他对技术政治的反思仍然启示我们：当法学界视劳动契约、雇佣契约等法律术语为纯粹的技术工具，并拿来为己所用时，他们很可能已经把从现代西方民法与劳动法中原生的契约精神、公私法划分等理念嫁接到中国的劳动者身上。从表面上看，这一次法律移植运动的成果是建立起劳动法学科的“独立性”“专业性”“科学性”，将劳动者概念从意识形态的泥潭中拔离出来，再放进法律科学的“温室”里。实际上经此一役，劳动法学界已然融合了一种新的观念传统。

2. 法律语言的中立性有助于排除政法话语的阻碍，但尚不足以支撑起一个陌生的劳动者形象，于是劳动者观“现代化”的第二步是诉诸发展主义和实用主义的理由。当时的学者喜欢用经济效率的理由来为劳动体制改革辩护，因为在发展至上的评判标尺下，一个“能进能出”的职业劳动者形象，明显优于过去“能进不能出”的固定工。史探径在阐述劳动合同的理论依据时，便几乎完全诉诸经济的、实用主义的理由，诸如实行劳动合同制符合现代社会化大生产的需要、符合经济体制改革的要求、有利于劳动者获得均等的就业机会等。② 与此相似，陈文渊也将实施劳动合同制与“国家财政经济状况的根本好转”“本世纪工农业总产值翻两番的奋斗目标”联系起来。③

总之，转型时期法学界的劳动者观交织着“革命政治”与“自由经济”两套话语，后者在前者的荫庇下悄然成长，并最终挣脱、取代了前者。这一深层的变化也直接影响现实法制建设。一个引人深思的例证是，20 世纪 80 年代初期，尚有学者“理所当然”地将农民纳入劳动法的适用范围，认为尽管农民和其他劳动者相比可能需要在具体法律制度上有所区分，但仍应对其适用劳动法的基本原则（如按劳分配、休息权、劳动保护、民主管理权等）。④ 然而到了 20 世纪 90 年代，这样的观

① ［加拿大］达拉斯·斯迈思：《自行车之后是什么？——技术的政治与意识形态属性》，王洪喆译，载《开放时代》2014 年第 4 期。

② 史探径：《论劳动合同和劳动合同制》，载《法学研究》1987 年第 4 期。

③ 陈文渊：《论劳动合同制度》，载《中国法学》1987 年第 3 期。

④ 龚建礼：《试论我国劳动法的调整对象》，载《法学研究》1984 年第 1 期。

点已然遭遇质疑,并且逐渐落入下风。当年在制定《中华人民共和国劳动法》(以下简称《劳动法》)的过程中,曾经有过制定"大劳动法"的主张,即把包括农民在内的一切劳动者都纳入《劳动法》的调整范围。但这一主张最终被否决,理由是农民无法实行《劳动法》中规定的8小时工作制、也无法保障最低工资或按月足额支付劳动报酬。最高人民法院更就此直言,"《劳动法》是不能对传统意义上的农业劳动进行调整的,传统意义上的农民即使在今天也不能看作《劳动法》意义上的劳动者"。[①] 表面上看,"大劳动法"的主张暴露了当初法律分工不足、经济理性欠缺的偏弊;但实质上,"小劳动法"对"大劳动法"的公开胜利,反映了立法者开始用"现代化"的、实用主义的思维去理解劳动者概念。

四、法定的劳动合同从属方

(一)"小而专"的劳动者观

在经历了转型期阵痛后,法学界终于可以在20世纪90年代以后自信自如地引介域外经验和运用经济分析来发展劳动者概念。受契约理论、从属性理论和国家机关有权规定的影响,新时期的劳动者观越发的"小而专",法律人所谈论的"法律上的劳动者"与大众认知中的"现实中的劳动者"的区别显现。

1.随着劳动合同制度占据劳动法律体系的中心,法学界逐渐习于运用契约理论来解读劳动者和企业(乃至国家)之间的关系。在这样的视角下,劳动者作为生产要素的一种,通过签订契约与其他生产要素如资本、企业家才能等相结合、交易,共同服务于市场主体的生产经营活动。由此带来的后果是,那些未参与到市场经济中、因此不存在合同相对方(录用单位)的劳动者——如自耕农、家内劳动者等——不再被视为劳动法上的劳动者。这是当代法学界劳动者观"小而专"的第一个表现。

① 最高人民法院民事审判第一庭编著:《最高人民法院劳动争议司法解释的理解与适用》,人民法院出版社2006年版,第254~255页。

2. 除了契约理论之外，从属性理论成为塑造劳动者概念的关键要素。与民国时期略显粗糙的弱者理论不同，经过改革开放时期更加广泛深入的法律移植，劳动者的孱弱形象被雕琢得更加饱满清晰：针对“如何甄别弱者”这一难题，“从属性”理论应运而生。个人只有表现出对用工主体的隶属和服从特征，才有享受劳动法保护的必要，亦即才有资格称为劳动法上的劳动者。台湾地区学者黄越钦的下列观点代表了法学界的通说：“‘从属性’实为劳动契约之最大特色，一切有别于传统民事法概念的劳动法概念，即是承此观念而展开……劳动研究必须以从属性关系为前提，始能正确掌握方向。”①

自从从属性理论成为主流劳动法学的共同前提，②“如何认定从属性”就代替“如何甄别弱者”成为理解劳动者概念的新关键。有的学者提出，对劳动者从属性的认定应采多重标准，综合考虑其受雇主控制的程度、组织上的归属、业务风险的承担、薪酬的支付方式、劳动的持续时间等多重因素。③ 还有的学者将从属性进一步区分为人格从属性与经济从属性，并主张以人格从属性作为识别劳动者的基本标准。④ 不过，无论这些理论之争多么纷繁复杂，几乎没有法律人会质疑，劳动关系、雇佣关系、承揽关系……这些相似但不相同的法学概念按照从属性的强弱排列成一道连续分布的光谱，承担着划分“劳动者”与“非劳动者”的重任。基于这套理论，独立手艺人和个体户等灵活就业群体被排除在劳动法上的劳动者之外。也许在普通民众的认知中，这些处于光谱边缘的群体与公司职员、工厂工人等“标准”的、“正规”的劳动者没有本质差别，甚至比后者更需要法律保护；但在法学上，他们被归类为独立、自治的普通

---

① 黄越钦：《劳动法新论》，中国政法大学出版社 2002 年版，第 31 页、第 96 页。

② 黄越钦：《劳动法新论》，中国政法大学出版社 2002 年版，第 31 页、第 94～96 页；常凯：《论个别劳动关系的法律特征——兼及劳动关系法律调整的趋向》，载《中国劳动》2004 年第 4 期；冯彦君：《中国特色社会主义社会法学理论研究》，载《当代法学》2013 年第 3 期。

③ 谢增毅：《劳动关系的内涵及雇员和雇主身份之认定》，载《比较法研究》2009 年第 6 期。

④ 侯玲玲、王全兴：《劳动法上劳动者概念之研究》，载《云南大学学报》（法学版）2006 年第 1 期。

民事主体。这是当代法学界的劳动者观“小而专”的第二个表现。

3. 除了契约理论和从属性标准外,国家机关的有权规定也逐渐限制了劳动法学界的想象力。随着马克斯·韦伯(Max Weber)意义上的法制型支配开始树立,法学界对劳动者概念的理解越来越容易受到立法、司法观点的影响,因为他们往往从规范本身就能找到足够正当性理由来自我说服及说服他人。例如,20世纪八九十年代,学者们尚且会将受雇于个体工商户的帮手、学徒等群体都纳入劳动者的范围,甚至农民作为“工人阶级的同盟”也不时进入劳动法学的视野。① 然而今天,随着最高人民法院明确将“个体工匠与帮工学徒之间”的纠纷、“农村承包经营户与受雇人之间”的纠纷排除在劳动争议之外,②几乎没有劳动法的文章还会去反思学徒或者农业劳动者(尤其是雇农)的就业问题。这是当代法学界的劳动者观“小而专”的第三个表现。

今天法学界已形成一套自成体系的、有关劳动者的独特想象。这个拟制的劳动者形象覆盖了一部分与劳动有关的社会关系,但现实中还有许多人一方面依靠自己的双手创造财富,另一方面成为劳动法及劳动法学中的“他者”。他们当中有远离市场经济的家内劳动者,有不稳定就业的临时工,有包工头手下的泥水匠,退休后再就业的老年工,还有其他不具备“法定主体资格”的劳动者……与前三十年相比,在经济全球化的时代,法学界眼中的劳动者不仅实力变弱,外延也缩小了。③

(二)对学科定位的影响

法学界劳动者观的“小而专”可以从劳动法的学科定位中得到印证:劳动法与宪法相关的一面被削弱,其特别法的性质得到凸显。一方

---

① 史探径:《论劳动合同和劳动合同制》,载《法学研究》1987年第4期;龚建礼:《试论我国劳动法的调整对象》,载《法学研究》1984年第1期;贾俊玲:《劳动法规体系初探》,载《中外法学》1990年第6期。

② 《最高人民法院关于审理劳动争议案件适用法律若干问题的解释(二)》第7条,2006年7月10日由最高人民法院审判委员会第1393次会议通过并公布,自2006年10月1日起施行。

③ 不少学者将劳动法律调整对象的特殊性、有限性誉为“劳动法规体系的科学性”。参见贾俊玲:《劳动法规体系初探》,载《中外法学》1990年第6期;谢增毅:《我国劳动关系法律调整模式的转变》,载《中国社会科学》2017年第2期。

面，劳动法的理论中借鉴了越来越多的民法专业术语，例如诺成合同、双务合同、要式合同等概念。① 随着民法典编纂工程的启动，不少学者建议在民法典债编中规定“雇佣合同”，以便劳动合同理论能从中获得给养。② 另一方面，劳动法作为特别法的一面越发得到强调，法学界中始终存在关于劳动法与民法、经济法关系的争论。有的学者把劳动法界定为“政策型特别民法”，主张把劳动法整合入民法典中；③还有的学者认为劳动合同与雇佣契约具有明显差异，因此劳动法与民法应划清各自的调整区间。④ 但无论如何，只要学者们仍然将劳动法视为有着民法血缘的特别法，这些理论之争就未能跳出“公法 vs. 私法”的二元框架，劳动法上的劳动者与现实中的劳动者就始终存在区分。

（三）对研究范式的影响

劳动者观的“小而专”还体现在劳动法的研究范式上。首先，自从劳动法的理论摆脱了意识形态的束缚，讲求法学“内部视角”的规范法学成为劳动法研究的主流。不过，由于立法工作还不完善，当前的规范研究以立法论为主，而不是解释法条等既有的教义。其次，劳动者概念的职业化、个体化导致研究对象的分散。研究者的关注点往往聚焦在某类具体职业上，例如快递员、公司高管、退休再就业者、出租车司机、公益劳动者、家政工人等边缘人群，⑤将劳动者作为一个整体乃至一个阶级来思考的法学文章难得一见。这使劳动法学研究在整体上呈现

① 史探径：《论劳动合同和劳动合同制》，载《法学研究》1987 年第 4 期。

② 郑尚元：《民法典制定中民事雇佣合同与劳动合同之功能与定位》，载《法学家》2016 年第 6 期。

③ 谢鸿飞：《民法典与特别民法关系的建构》，载《中国社会科学》2013 年第 2 期。

④ 郑尚元：《雇佣关系调整的法律分界——民法与劳动法调整雇佣类合同关系的制度与理念》，载《中国法学》2005 年第 3 期。

⑤ 钱伟兰、马建红、孟高飞：《快递员身份之辨》，载《人民司法》2012 年第 8 期；马君、刘岳庆：《公司高管人员劳动法保护的边与界》，载《中国劳动》2012 年第 10 期；冯彦君、李娜：《退休再就业：劳动关系抑或劳务关系——兼评“社会保险标准说”》，载《社会科学战线》2012 年第 7 期；钱叶芳、王林清：《论出租车公司与司机之间的法律关系》，载《中国劳动》2015 年第 19 期；李传海：《附补贴公益劳动组织者对参加者之伤亡赔偿责任》，载《人民司法》2010 年第 8 期；谢增毅：《超越雇佣合同与劳动合同规则——家政工保护的立法理念与制度建构》，载《清华法学》2012 年第 6 期。

“补丁”式的发展,较少对宏大问题的讨论、反思与“终极关怀”。

不过,劳动法研究范式的最重要的特征还属比较法方法的兴起,这一趋势加快了本土劳动者理论的国际化(西方化),后者又反过来推动更大规模的理论资源更新。如今一篇典型的劳动法学文章中,对域外经验的介绍往往占据相当篇幅。例如,在一项关于“劳动者身份认定”的研究中,作者首先介绍了大陆法系中的劳动关系如何从传统雇佣关系演变而来,然后得出劳动关系的内涵在于从属性的结论;紧接着作者介绍了德国、日本、美国和英国界定雇员和雇主概念的方法,由此提出对中国劳动法的建议。①

劳动者观的专业化为比较法的勃兴铺平了道路,在开拓人们的视野的同时,也可能带来排斥革命传统、忽视中国劳动者的真实政策需要等偏弊。首先,现有的比较法研究绝大多数尚处于翻译、转述外国法的阶段,鲜少辨别不同法制背后的社会历史传统。例如,我们如果以历史的眼光重新审视从属性理论,就会发现这一判别劳动者主体资格的标准其实是西方社会特定时期的产物。在英美法中,劳动法对控制(从属)特征的关注可以追溯到前工业社会的主仆法(master-servant law)中,这一标准最初被引入到现代法律中并不是为了保护劳动者,而是为了将高薪劳动者(如专业型和管理型的工人)排除在工人赔偿法的范围之外,或者用来确定雇主是否需要因雇员的过失而对第三人负责。②由此可见,起初的从属性理论将劳动者放置在缺乏主体性的、卑微的地位,其文化底色恰好颠倒了中国革命政治中的主仆叙事。

其次,现有的比较法研究有将西方国家劳动者的问题普世化的倾向,容易忽视本国的特殊国情。例如,随着人口老龄化与少子化成为

---

① 谢增毅:《劳动关系的内涵及雇员和雇主身份之认定》,载《比较法研究》2009年第6期。

② Simon Deakin, *The Contract of Employment: A Study in Legal Evolution*, ESRC Centre for Business Research, University of Cambridge Working Paper No. 203, 2001; Richard R. Carlson, Why the Law Still Can't Tell an Employee When It Sees One and How It Ought to Stop Trying, *Berkeley Journal of Employment and Labor Law*, Vol. 22, No. 2, 2001, pp. 295-368.

“国际趋势”，老龄劳动者的法律保护问题日益引起普遍关注。有学者因此提出应该借鉴“国际社会的普遍经验”，促进高龄劳动者就业，提高他们的劳动参与率。① 但实际上，当今中国的老龄劳动者在享受社会保障的力度、就业意愿、政策需求等方面都与西方国家中的形象存在差别。在发达国家，老年人在获得足够的经济来源后工作动力减退，仍然留在就业市场的人口极少，老龄化通常预示着劳动力短缺。② 因此在这些国家乃至联合国等国际组织中，老龄研究主要致力于消除年龄歧视、吸引老龄人口重返就业市场。③ 然而中国（以及其他发展中国家）的老年人当中迫于生计而继续工作的比率较高，未来法律的发展方向除了消除年龄歧视、提高一部分有余力的老年人的劳动参与率之外，更重要的是完善社会保障体系，使老年人拥有真正的择业自由，而不必为晚年的经济来源而被迫出来工作。④

五、重新想象劳动者

今天在主流的劳动法学界，劳动者的形象仍由契约理论与从属性

---

① 喻术红：《老龄化背景下的高龄劳动者就业促进问题》，载《武汉大学学报》（哲学社会科学版）2017 年第 5 期。

② W. Arthur Lewis, Economic Development with Unlimited Supplies of Labour, *The Manchester School*, Vol. 22, No. 2, 1954, pp. 139 – 191; Ruth Kanfer and Phillip L. Ackerman, Aging, Adult Development, and Work Motivation, *The Academy of Management Review*, Vol. 29, No. 3, 2004, pp. 440 – 458; Dorien Kooij, Annet de Lange, Paul Jansen and Josje Dikkers, Older Workers' Motivation to Continue to Work: Five Meanings of age, A Conceptual Review, *Journal of Managerial Psychology*, Vol. 23, No. 4, 2008, pp. 364 – 394.

③ World Health Organization, Active Ageing: A Policy Framework, *The Aging Male*, Vol. 5, No. 1, 2002, pp. 1 – 37; The General Conference of the International Labour Organisation, 66th ILC session, *Older Workers Recommendation*, No. 162 (adopted Jun. 23, 1980).

④ International Labour Organization, *Rights, Jobs and Social Security: New Visions for Older Women and Men*, Background Brochure for the ILO Public Awareness Raising Campaign on Gender Equality at the Heart of Decent Work, 2008. 另可参见钟炜玲：《老龄劳动者法律保护的现状与成因：基于法社会学的考察》，中国人民大学 2018 年硕士学位论文。

理论所支配。然而,随着互联网科技的发展,共享经济、"SOHO(small office/home office)①经济"等新型用工模式兴起,劳务派遣、劳务外包也越来越为企业所接受。如果说,在过去,劳动法学对劳动者概念的建构主要不利于部分最底层劳动者权益的实现,而他们的表达渠道相对有限;那么如今,原有的劳动者观已经日益难以应对广大中产劳动者的需要,后者呼唤一个革新的法律概念。从当前法学界的研究中可以分辨出以下四种重新想象劳动者的趋势,其中前三种趋势都没有跳出将劳动者视为弱势群体的基本框架。

1. 第一种,也是国内学界呼声最高的方案是,通过放宽从属性标准有针对性地扩大劳动者概念的外延。例如,侯玲玲等提出运用"经济从属性"标准将某些特殊情形下的劳动者纳入劳动法调整范围。② 又如,谢增毅建议以从属性为主要标准,对于雇员进行分类调整、区别对待,为"类似雇员的人"(弱从属性雇员)——如家政工、家庭工作者、学徒和实习生等——提供部分保护。③ 不过,从属性标准的本质决定了,其所能覆盖的工作类型始终有限,难以应对日益灵活的就业市场。

2. 就此,一些学者选择第二条更加大胆的路径,即抛弃从属性理论,提倡劳动者的社会公民权。例如,陈敏主张"工伤保险社会保障化"的理论,提出减弱社会保险与劳动关系的关联性,扩大工伤保险中的"工作"的内涵,将灵活就业人员、农业劳动者等"非职工"人群也纳入工伤保险体系。④ 这一"公民化"的思路虽然目前在国内较为罕见、

---

① SOHO 是 small office/home office(或 single office/home office)的缩写。参见维基百科网:https://en.wikipedia.org/wiki/Small_office/home_office,2018 年 3 月 27 日最后访问。

② 侯玲玲、王全兴:《劳动法上劳动者概念之研究》,载《云南大学学报》(法学版)2006 年第 1 期。

③ 谢增毅:《我国劳动关系法律调整模式的转变》,载《中国社会科学》2017 年第 2 期。作者除了主张将"类似雇员的人"纳入劳动关系法律调整范围外,也指出应对公司高管等"特殊雇员"减少保护。类似的观点,可参见田思路:《劳动关系非典型化的演变及法律回应》,载《法学》2017 年第 6 期。

④ 陈敏:《"非职工"群体纳入工伤保险制度保障探析》,载《政治与法律》2017 年第 2 期。

略显激进，但其实在国际社会上早已有类似的讨论。例如，在1998年欧盟委员会特设的国际研讨会上，由法国学者Alain Supiot担任起草人的一项跨学科合作项目引起广泛关注。Supiot主张用“工作”（work）的概念取代狭隘的“雇佣”（employment）概念，以便拓展社会权利保护的范围。在作者的设想中，劳动者享有“社会抽离权”（social drawing rights），①能够自由掌控工作的灵活度、平衡工作与家庭生活。② 类似地，Mark Freedland和Nicola Kountouris也力图使劳动者的法律资格不再取决于特定的工作关系或者合同。他们从个体工作简历（personal work profile）的角度，将工作关系（personal work nexus）类型化为：稳定的工作、自主独立的工作以及不稳定的工作。③ 这类方案和前一种均扩大了劳动者概念的外延，但前者突破了过去以从属性的强弱定义劳动的思维定势，将劳动的本质从具体的双向关系中抽离出来，也关注到工作以外的生活质量，从而不再有“正规”/“非正规”劳动者或“典型”/“非典型”劳动者的位阶区分（但可能有工作类型上的平行差别）。不过，劳动者依然呈现为彼此孤立的个体形象，甚至有被“公民”概念消解的危险。

3. 对于长期以个别劳动关系为主要关注点的中国学界来说，注重集体劳动关系成为重塑劳动者理论的第三条思路。常凯是支持这一方案的代表性人物，他将劳动者视为能够拥有集体意识、共同利益的行动整体，并呼吁中国劳动关系的集体化转型。④ 然而，无论是拓宽从属性

---

① 指给予劳动者一定的从雇佣中抽离出来的自由，例如给予其参与工会、接受培训、育婴的时间。这种权利的行使不依赖于任何先在条件。

② Alain Supiot, The Transformation of Work and the Future of Labour Law in Europe: A Multidisciplinary Perspective, *International Labour Review*, Vol. 138, Issue 1, 1999, pp. 31 - 46.

③ Mark Freedland and Nicola Kountouris, The Legal Characterization of Personal Work Relations and the Idea of Labour Law, ed. in Guy Davidov and Brian Langille, *The Idea of Labour Law*, Oxford University Press Inc., 2011.

④ 常凯：《劳动法调整对象再认识与劳动法学科重构》，载《法学论坛》2012年第3期；常凯：《中国特色劳动关系的阶段、特点和趋势——基于国际比较劳动关系研究的视野》，载《武汉大学学报》（哲学社会科学版）2017年第5期。

标准、主张个体劳动者的普遍公民权,还是强调集体行动的力量,以上这些试图改造劳动者概念的努力始终与当下主流法理分享着同一套预设:劳动权在本质上是弱者的经济福利权;劳动者、企业与国家是三个彼此独立的利益主体,三者呈现三角形的关系构造,政府在劳动者和企业之间扮演调停人这一相对中立的角色。常凯的观点生动反映了当代法学界对劳动的看法:"工资是连接劳动者和雇主的最基本的要素,即雇主是通过工资来雇佣劳动者的,劳动者则是为了获取工资才接受用人单位的雇佣并为其付出劳动力的。劳动关系在本质上,是一种经济利益关系。"①正因如此,尽管改良后的从属性理论、社会公民权理论和集体劳动关系理论在技术细节上突破了经典的劳动者理论,但是过去困扰法学界的学术命题今后仍将继续存在:只要将劳动者经济化、人力资源化的生产方式维持不变,劳动者在人格上的独立、精神上的自由就始终难以"落地";只要劳动者的概念仍然建立在以普适权利为中心的话语之上,劳动法就始终要面临个人与国家、自治与互助、福利权与财产权之间的冲突。

4. 鉴于此,一些中国学者开始寻找第四条路径,在尊重社会主义市场经济的大前提下,重新提升"劳动者"在公共议程、政治议程中的价值序位。例如王旭认为,不能把西方自由主义立场下的基本权利谱系照搬照套到对中国宪法劳动权规范的理解中,无论是"自由权"还是"社会权"均难以准确捕捉到我国宪法劳动权的本质。他追溯了劳动权在我国革命与新中国成立的历史进程中的功能,指出现行《宪法》中的劳动权规范既是一种保障私权的权利规范,也是蕴含社会主义国家的国家伦理的重要承认规范。② 阎天亦从"劳动宪法"的角度,提出我国宪法中包含两种相互区别的劳动观:第一种劳动观将劳动视为契约的标的和生产要素,指向消极自由和经济效率;第二种劳动观将劳动视

① 常凯:《劳动法调整对象再认识与劳动法学科重构》,载《法学论坛》2012 年第 3 期。

② 王旭:《劳动、政治承认与国家伦理——对我国〈宪法〉劳动权规范的一种阐释》,载《中国法学》2010 年第 3 期。

作身份的基础和财富的源泉，指向积极自由和国家伦理。今天中国劳动宪法的基本任务是调和这两种劳动观之间的矛盾，使宪法能够就劳动问题发挥规范作用。[①] 黄宗智则从经验证据出发，批评传统的“工人”“农民”和“劳动法律”话语导致对中国社会的深层误解，他呼吁人们“重新认识中国劳动人民”——他们中的绝大多数是半工半农、亦工亦农的农村户籍人员，通常处于劳动法之外的非正规经济中。[②] 由此他建议，在当今中国效尤美国，法律形式化、片面追求经济效率的大环境下，政府可以、也急需运用行政手段来保护劳动者，因为在今天中国的正义体系中，“政”与“法”仍然并存、互补和相互作用。[③] 值得注意的是，这些呼吁劳动宪法或中国叙事的学者，大多不是传统意义上的劳动法学者，而是来自宪法、历史社会学等学科。传统的劳动法学界对这类“浴火重生的政法法学”似乎仍有本能的抗拒。[④]

六、结　语

本文从历史的视角，简要梳理了近代以来中国劳动法学界对“谁是劳动者”这一问题的回答。需要指出的是，法学界的劳动者观不能等同于国家机构或民众的劳动者观，更不同于劳动者在法律实践中的现实处境。例如在计划经济时期，在主流的“统包统配”的劳动制度外还并存着亦工亦农的合同工制度，从农村进城务工的劳动者难以享受与城镇职工平等的福利待遇；当前的劳动法实践也并非完全由契约法理所支配，执法机关有时也会借用政治的、道德的话语，允许特别困难的

---

① 阎天：《中国劳动宪法的兴起》，载搜狐网：http://www.sohu.com/a/137511524_227571，2018年1月11日最后访问。

② ［美］黄宗智：《重新认识中国劳动人民：劳动法规的历史演变与当前的非正规经济》，载《开放时代》2013年第5期。

③ ［美］黄宗智：《中国正义体系中的“政”与“法”》，载《开放时代》2016年第6期。

④ “浴火重生的政法法学”这一概念，借用自苏力的文章。参见苏力：《中国法学研究格局的流变》，载《法商研究》2014年第5期。

劳动者向与之没有劳动合同关系的上游企业索求工伤赔偿。[①] 但限于篇幅,本文主要讨论法学界想象、建构劳动者的方式。

劳动法学建立之初,劳动者概念受到现代西方法律的影响,呈现为一个依靠劳务来换取报酬的职业形象,国家权力以劳动法的形式在劳动与资本之间居中调停。计划经济时期,劳动者化身为自立自强的象征,劳动法承担起凝聚政治认同的宪法功能。冷战的终结和资本的全球化再次把西方劳动法带入中国,劳动者这一法律概念不仅重新契约化、职业化,而且随着从属性理论的发展而越发"小而专",直至与现实中的劳动者拉开差距。为了应对经典理论与新兴工作形态之间的断裂,法学界急需重构劳动者概念,其中最引人注目的动向是劳动者意象的重新政治化或宪法化。

综观中国法学界劳动者观的变迁,劳动者概念的背后始终交织着两股力量:一边是提倡自由经济的权利话语,另一边是马克思主义的阶级话语。这两套话语基于不同的立场和预设,在持续交锋中此起彼落。在经济全球化、国际竞争加剧的年代,比起"不患寡而患不均",人们更关心如何增强劳动市场的灵活性、高效利用人力资源,以促进经济生产的发展,因而权利话语容易占据上风。受此影响,改革开放以后的很长一段时间内,虽然作为国家主人的劳动者形象尚保存在宪法、官方话语以及普通民众的认知中;但从属于雇主的职业劳动者形象早已深入制度实践。然而,每当国内贫富差距拉大、社会矛盾激化的时期,意识形态权力往往反超经济权力,为政治话语制造出需求和传播空间。

今天的中国社会一方面见证了经济高速发展的奇迹,另一方面也面临着收入两极分化的危险。许多劳动法上的争论,归根结底都源于前述两种劳动者形象、两套话语之间的冲突。一方面,历史的教训与时代的发展不允许我们再用阶级斗争的思维来看待劳动者与非公有制经济之间的关系,抑或用"统包统配"的制度来取代自由灵活的就业方式。另一方面,盲目地移植西方自由主义主导的劳动法也存在损害劳

① 钟炜玲:《老龄劳动者法律保护的现状与成因:基于法社会学的考察》,中国人民大学2018年硕士学位论文。

动者之主体性的危险。类似的两难困境在改革开放初期也出现过，只不过这一次我们有机会应对得更好。新时代中国劳动法学的最大挑战或许就在于，如何从单位体制和福利国家模式之间开辟出第三条道路，使宪法上的劳动者与部门法上的劳动者达成某种和解。这种和解并不是要反对劳动法律在技术上的精细化，或反对针对不同劳动群体作差别化规定，而是要让广大劳动人民在自由就业、积极竞争的同时，也能掌握政治、文化的话语权；让劳动法在吸收了近代民法的自由精神、现代民法的公平价值之后，不忘兑现劳动宪法的民主承诺。

图书在版编目(CIP)数据

法律和社会科学. 第17卷. 第1辑 / 苏力主编. --
北京 : 法律出版社, 2019
ISBN 978-7-5197-3285-1

Ⅰ. ①法… Ⅱ. ①苏… Ⅲ. ①法律－文集 Ⅳ.
①D9-53

中国版本图书馆CIP数据核字(2019)第049376号

法律和社会科学(第17卷第1辑)
FALÜ HE SHEHUI KEXUE (DI-17 JUAN DI-1 JI)

苏　力 主编
尤陈俊 执行主编

责任编辑 韩满春
装帧设计 马　帅

出版 法律出版社
总发行 中国法律图书有限公司
经销 新华书店
印刷 北京虎彩文化传播有限公司
责任校对 李景美
责任印制 陶　松

编辑统筹 学术·对外出版分社
开本 710毫米×1000毫米 1/16
印张 10.25
字数 141千
版本 2019年5月第1版
印次 2019年5月第1次印刷

法律出版社/北京市丰台区莲花池西里7号(100073)
网址/www.lawpress.com.cn
投稿邮箱/info@lawpress.com.cn
举报维权邮箱/jbwq@lawpress.com.cn
销售热线/010-83938336
咨询电话/010-63939796

中国法律图书有限公司/北京市丰台区莲花池西里7号(100073)
全国各地中法图分、子公司销售电话:
统一销售客服/400-660-6393
第一法律书店/010-83938334/8335　西安分公司/029-85330678　重庆分公司/023-67453036
上海分公司/021-62071639/1636　深圳分公司/0755-83072995

书号:ISBN 978-7-5197-3285-1　**定价**:48.00元